Detlef Pohl

Sichere Geldanlage

Bibliografische Information Der Deutschen Bibliothek

Die Deutsche Bibliothek verzeichnet diese Publikation in der Deutschen Nationalbibliografie; detaillierte bibliografische Daten sind im Internet über http://dnb.ddb.de abrufbar.

ISBN 978-3-448-09389-6 Bestell-Nr. 02005-0001

Redaktionsanschrift: Postfach 13 63, 82142 Planegg/München
Hausanschrift: Fraunhoferstraße 5, 82152 Planegg/München
Telefon (089) 8 95 17-0, Telefax (089) 8 95 17-2 50
Internet: http://haufe.de, E-Mail: info@haufe.de
Produktmanagement: Bettina Noé

Produktion: bretzinger : media.production, Karlsruhe
Umschlag- und Buchgestaltung: Kienle gestaltet, Stuttgart
Druck: Koelblin-Fortuna-Druck GmbH, Baden-Baden

Inhalt

Einführung

Sparen gehört zum Dasein wie das tägliche Brot. Allein in Deutschland liegen heute über drei Billionen Euro netto an Geldvermögen auf der hohen Kante. Der größte Teil davon schlummert auf sehr niedrigem Zinsniveau vor sich hin, was vor allem die Banken freut, denn die verdienen kräftig am traditionellen Sparbuch. Dabei kommt den Geldhäusern noch entgegen: Das Verhalten der meisten Menschen in Geldangelegenheiten ist geprägt von Sicherheitsdenken, ausgesprochener Vorsicht bis zur Angst sowie andererseits vom Streben nach Perfektion. Für eine sichere Geldanlage sind weder Fremdworte noch eine wissenschaftliche Durchdringung der Kapitalmärkte erforderlich, um auf schnellstem Wege die Sparbuch-Zinsen zu erhöhen.

Dieses Buch hilft Ihnen dabei, mehr aus Ihrem Geld zu machen – trotz und gerade wegen der Finanzkrise 2008. Es verrät die wichtigsten Tricks Kosten sparender Geldanlage und die richtigen Banken, nennt seriöse Quellen, die den zeitraubenden Vergleich abkürzen und klärt alle praktischen Fragen rund ums Anlegen.

Natürlich sollte niemand die Zahlen auf die Goldwaage legen, denn der Finanzmarkt ist ständig in Bewegung. Ich habe günstige Angebote in Niedrigzins-Zeiten (Herbst 2008) zugrunde gelegt und sie mit früheren Hochzins-Zeiten verglichen (1992). Irgendwo dazwischen werden Sie sich beim Lesen dieses Buches aktuell einordnen. Die Relation der Anlagen zueinander stimmt in jedem Fall. Und die Banken mit den besten Angeboten bei solider Einlagensicherung bleiben auch bei Zinsänderungen erste Adressen für Anleger. In diesem Sinne angenehmes Geldvermehren.

Viel Erfolg wünscht Ihnen *Detlef Pohl*

Voraussetzungen zum Sparen

Reich wird man nicht mit dem Geld, das man spart, sondern mit dem, das man nicht ausgibt. Dies besagt zumindest eine Millionärsweisheit. Für Normalverbraucher, die sich keine großen Sprünge leisten können, gilt das erst recht. Dennoch: Wenn Sie etwas Geld übrig haben, sollten Sie versuchen, es sinnvoll anzulegen.

Was vom Verdienst übrig bleibt

Zunächst: Versuchen Sie, eigene Ansprüche zu überprüfen. Vielleicht schaffen Sie es, die eigenen Verbrauchsgewohnheiten kritisch zu beleuchten. Wichtigste Frage: Brauche ich wirklich alles, ohne mich spürbar einschränken zu müssen? Erfahrungsgemäß ist es zu schaffen, zumindest nach eingehender Finanzberatung in einer Verbraucherzentrale (vorher unbedingt telefonisch anmelden). Die Fachleute dort arbeiten mit einem alten, aber sehr wirksamen Trick: Man vergleicht Ihre Ausgaben mit dem Durchschnitt aller Haushalte, die ungefähr das gleiche Einkommen wie Sie haben. Hinterher wird klar, ob Sie über Ihre Verhältnisse leben und wo sich Geld sparen lässt. 4-Personen-Haushalte von Arbeitnehmern mit mittlerem Einkommen sind am weitesten verbreitet. Ihr durchschnittliches Haushalts-Netto-Einkommen lag im Jahr 2007 monatlich bei 2.750 Euro. Bedenken Sie: Wer wenig verdient, hat verhältnismäßig viel für feste Ausgaben zu bestreiten, für veränderliche Ausgaben bleibt wenig übrig. Die meisten geben bereits die Hälfte für Essen und Trinken, Wohnung und Auto aus:

TABELLE WO DAS GELD JEDEN MONAT BEI 2.500 EURO NETTO BLEIBT

Ausgaben für	Ausgabe (Euro)	Ausgabe (%)
• Miete + Nebenkosten	664	27,6
• Auto, Nahverkehr	318	13,2
• Nahrung, Rauchen	312	13,0
• Urlaub, Restaurant	139	5,8
• Freizeit, Kultur	138	5,7
• Möbel, Hausrat	120	5,0
• Kleidung, Schuhe, Schmuck	113	4,7
• Gesundheit, Pflege	103	4,3
• Versicherungen	72	3,0
• Telefon, Porto	47	1,9
• Bücher, Zeitschriften	43	1,6
• Geldanlage	93	3,9
• Sonstiges	344	14,3
• Konsum Gesamt	2.407	100,0
Quelle: map-report special „Wo bleibt das Geld?"		

Je nach Geldentwertung und Preissteigerung – insbesondere bei Energiekosten – können die Werte von Jahr zu Jahr leicht schwanken. Im Prinzip stimmt die Statistik für Durchschnittsverdiener aber auffallend.

Neuer Rahmen für mehr Sicherheit bei der Geldanlage

„Und wüsste ich, dass morgen die Welt untergeht, so würde ich noch heute ein Apfelbäumchen pflanzen“, soll der Reformator Martin Luther gesagt haben. Dieser Satz passt gut zu der weltweiten Finanzkrise 2008, die als schlimmster Crash seit 1929 fast zum Zusammenbruch des Bankensystems geführt hat. Stark betroffen sind auch die deutsche Bankenlandschaft und damit das Geld der deutschen Anleger. Als erste Aktion hat die Bundesregierung einen „Rettungspakt“ beschlossen und 500 Milliarden Euro zur Verfügung gestellt, um Schieflagen bei Banken zu verhindern. Zudem hat der Bund vorübergehend Anteile an Banken im Umfang von 70 Milliarden Euro übernommen. Somit ist im Herbst 2008 ein neuer gesetzlicher Rahmen geschaffen worden, dass die Einlagen der Sparer auch bei einer Pleite ihrer Bank in jedem Fall sicher sind.

Mit dem „Finanzmarktstabilisierungsgesetz“ vom 18. Oktober 2008 wird bei der Deutschen Bundesbank die so genannte Finanzmarktstabilisierungsanstalt eingerichtet, eine Treuhandanstalt für Banken mit Sitz in Deutschland. Sie soll den Rettungsfonds von bis zu 80 Milliarden Euro verwalten, aus dem Not leidenden Banken Kapitalspritzen zur Verfügung gestellt werden können Zudem kann die Anstalt gegen eine Gebühr Bürgschaften für Liquiditätskredite bis zu einer Höhe von 400 Milliarden ausstellen. Im Gegenzug müssen die begünstigten Banken Auflagen bezüglich ihres Geschäftsgebarens, der Gehälter der Manager, der Dividendenausschüttung, der Kreditvergabe an den Mittelstand oder der Eigenkapitalquoten für bestimmte Produkte erfüllen.

Was heißt das für uns private Anleger? Um mit Luther zu antworten: Es sind die ersten Plantagen an Apfelbäumchen gepflanzt worden. Viele weitere Anpflanzungen sind weltweit und im Rahmen der EU aber nötig, um dem System innerhalb der Banken das Handwerk zu legen, das mit wildem Zocken die Grundfesten des Kapitalismus erschüttert hat. Vor allem mit dem unbegrenzten Einsatz neuer Finanzinstrumente wie Subprimes (minderwertige Kredite), Optionen und Futures wurden immer neue Kredit- und Geldumsätze gemacht, die gar nicht mit dem nötigen Eigenkapital der

Banken abgesichert waren. Viele faule Kredite wurden zudem in scheinbar sichere Wertpapiere mit verpackt, so dass am Ende selbst einige Geldmarktfonds und Lebensversicherungen von minderwertigen Wertpapieren, häufig so genannte Asset Backed Securities (ABS), infiltriert waren. Dieser „Casino-Kapitalismus" hat schließlich 2007 und 2008 dazu geführt, dass selbst die Banken untereinander sich nicht mehr vertraut und gegenseitig kein Geld mehr geliehen haben. In dem Moment, als die Banken sich mit den angekauften Forderungen nicht mehr am Geldmarkt refinanzieren konnten, entstand bei ihnen eine plötzliche Geldknappheit – der Beginn der so genannten Subprime-Krise. Massenhaft mussten Banken plötzlich feststellen, dass der fehlende Geldnachschub zur Insolvenz führen kann.

In den USA sind rund 100 Banken Pleite gegangen. Berühmte Beispiele für Schieflagen, die niemand für möglich gehalten hatte: die Investmentbank Bear Stearns, die in einer Notaktion von der US-Bank J.P. Morgan übernommen wurde, die Investmentbank Lehman Brothers (Insolvenz), First National Bank of Nevada (an Mutual Omaha Bank verkauft), First Heritage Bank NA of California (an Mutual Omaha Bank verkauft), Washington Mutual Bank (Insolvenz) und der Hypothekenfinanzierer IndyMac Bank.

Traurige Beispiele gibt es inzwischen mehr als genug auch in Europa, wo es mit Ungarn und Island sogar zwei komplette Länder in den Bankrott getrieben hat, der nun mit viel ausländischem Geld aufgearbeitet werden muss. Die Liste der Banken mit heftiger Schieflage ist auch in Deutschland nicht gerade kurz. Dazu zählen: Deutsche Industriebank IKB, Sachsen Landesbank (LB), WestLB, UBS, BayernLB, Lehman Brothers Bankhaus AG (Insolvenz), die Online-BankKaupthing (Hauptsitz: Island) und die Immobilienbank Hypo Real Estate (HRE).

Als Folge dürften sich weltweit und auch in Deutschland die Einlagensicherungssysteme für Kunden verbessern (siehe S. 29 ff.).

Geldanlage in unterschiedlichen Lebenssituationen

Anlegen mit wenig Geld

Gemeint ist ein Geldvermögen von bis zu 15.000 Euro. Allein 2008 haben deutsche Haushalte im Schnitt von jedem verfügbaren Euro 11,3 Cent beiseite gelegt und damit soviel wie seit 1994 nicht mehr. In kaum einem anderen Land wird soviel Geld vom Einkommen gespart. Lediglich die Franzosen legen mit 13 Cent pro verfügbaren Euro noch mehr auf die hohe Kante. Der Löwenanteil der deutschen Sparer wandert traditionell auf niedrig verzinste Sparbücher (im Fachjargon Spareinlagen) und nahezu unverzinste Girokonten (Sichteinlagen).

TABELLE UNTERSCHIED ZWISCHEN SICHT- UND SPAREINLAGEN

Sichteinlagen	Spareinlagen[1]
• Verwahrung von Geld auf Girokonto	Schuldrechtlicher Vertrag mit Urkunde (Sparbuch)
• Dient bargeldloser Zahlung, aber wird nicht als Anlage bezeichnet	Kein Zahlungsverkehr möglich, aber unbefristete Anlage nur für Privatkunden
• Niedrig oder gar nicht verzinst	Relativ niedrig verzinst, aber durch Verhandlung verdoppelbar
• Mitunter kostenlose Kontoführung bei bestimmtem Mindestguthaben	Auszahlung nur mit dreimonatiger Voranmeldung (Kündigungsfrist), sonst muss Kunde Vorschusszinsen zahlen

Selten Verzinsung, zumeist ab bestimmtem Mindestguthaben	Zins steigt auch mit Mindestanlagedauer (vereinbarte Kündigungsfrist von z.B. ein Jahr)

Genauer: Ein knappes Drittel des Geldvermögens ist in Einlagen bei Banken angelegt, ein weiteres knappes Drittel in Wertpapieren. Ein gutes Viertel ist bei Versicherungen angelegt, der Rest in Barreserven und Pensionsrückstellungen.

Das Vermögen ist jedoch ungleich verteilt. So besitzen zehn Prozent der Deutschen über zwei Drittel des Gesamtvermögens. Rund zwei Drittel der Bevölkerung verfügen dagegen über kein oder nur ein sehr geringes Vermögen, hat das Deutsche Institut für Wirtschaftsforschung (DIW) Ende 2007 herausgefunden. Demnach bringt es jeder von uns im Schnitt auf 81.000 Euro individuelles Nettovermögen. Aufgrund der sehr ungleichen Verteilung liegt der mittlere Wert aber nur bei 15.000 Euro. Dies ist der Wert, der die reichere und die ärmere Hälfte der Bevölkerung trennt. Die Volks- und Raiffeisenbanken haben dies einmal auf alle Haushalte umgerechnet: Demnach sind Ende 2008 pro Haushalt im Schnitt 114.000 Euro Geldvermögen vorhanden, jedoch im Schnitt auch 38.600 Euro Schulden.

Orientiert man sich am Mittelwert von 15.000 Euro, so passt für die meisten von uns die Überschrift dieses Kapitels wie die Faust aufs Auge – Anlegen mit wenig Geld. Wer aber wenig hat, hat gar nichts zu verschenken. Das Augenmerk gehört möglichst hoher Rendite bei sehr hoher Sicherheit. Damit scheiden exotische Anlageformen und jede Anlage mit hohem Risiko von vornherein aus. Wer da anders handelt, riskiert Armut und Überschuldung. Doch das heißt nicht, dass kein Land in Sicht ist, denn: Ein Drittel aller Ersparnisse schlummert auf Girokonten und Sparbüchern. Es ist damit nur zum Besten der Banken angelegt, die sich goldene Nasen verdienen, es den Anlegern aber überhaupt nicht danken. Im Gegenteil: Wer im Gegenzug von seiner Bank einen Kredit will, muss häufig zehn Prozent und mehr Zinsen bezahlen, obwohl ihm fürs Sparbuch selten mehr als 2,0 Prozent Zinsen gutgeschrieben werden und so kaum die Inflation aufgefangen wird.

Mit Geldvermehrung hat dies kaum etwas zu tun. Es kann also für Anleger nur besser werden. Denn: Der doppelte Zins gegenüber dem Sparbuch ist häufig drin – und zwar ohne das geringste Risiko. Für den kleinen Geldbeutel bieten sich an:

Girokonto

Sparen fängt schon mit der richtigen Wahl des Girokontos an. Vergleichen Sie die Konditionen immer dann, wenn Ihre Bank wieder mal an der Gebührenschraube drehen will. Meist ist es nicht mehr zum Nulltarif zu haben. Ausnahme: Schüler, Auszubildende, Grundwehr- und Zivildienstleistende. Preisunterschiede für die Kontoführung bis zu 120 Euro im Jahr für identische Modellkonten hat die Stiftung Warentest mehrfach ermittelt. Die Tester kamen zu einem ernüchternden Schluss: Fast jeder Handschlag kostet inzwischen Geld, egal ob man selbst regelmäßig zum Kontoauszugsdrucker geht oder sich die Auszüge monatlich oder täglich zuschicken lässt.

Preisgünstige Banken verlangen für Durchschnittskunden häufig 60 Euro pro Jahr. Inzwischen bieten auch rund 50 Banken Girokonten gratis an, häufig jedoch online, was beim Zahlungsverkehr nicht jedermanns Geschmack trifft. Zur eigentlichen Geldanlage taugt das Girokonto überhaupt nicht, da Banken in der Regel allenfalls 0,5 Prozent Zinsen, selten bis zu 2,0 Prozent für das Guthaben ausspucken. Überschüssiges Geld sollten Sie zinsgünstig für sich arbeiten lassen.

ACHTUNG GELD AUF GIROKONTO BEGRENZEN ACHTUNG

Sinnvoll sind auf dem Girokonto höchstens 2.000 Euro. Als Notgroschen darüber hinaus ist das klassische Sparbuch sinnvoller. Ausnahme: Manche Banken bieten ihren Kunden unbürokratisch so genannte Unterkonten beim Girokonto an. Dort ist dann ein Geldmarktfonds (z.B. mit einer einprozentigen Rendite) oder ein Tagesgeld mit bis zu 3,8 Prozent Rendite möglich. Ihr Geld kann sich dann also auch über das Girokonto vermehren.

Wermutstropfen: Meist bieten Banken solche Unterkonten, die wie die Dresdner Bank zu den Instituten mit vergleichsweise hoher Gebühr für die

Girokontoführung gehören. Damit wird der Renditevorteil gerade bei kleinerer Anlagesumme zum Teil wieder zunichte gemacht.

Sparbuch

Egal, ob die Finanzmärkte aus den Fugen geraten oder in ruhigem Fahrwasser bleiben: Das Sparbuch scheint den Deutschen unverzichtbar. Nahezu jeder vierte Euro des Privatvermögens wird dort gebunkert. Kein Wunder: Eröffnen darf ein Sparbuch jeder, der sich ausweisen kann und mindestens einen Euro einzahlt. Ein- und Auszahlungen sind grundsätzlich kostenlos, die Kontoführung ist gebührenfrei. Also eine kundenfreundliche Geldanlage? Definitiv: nein! Im Herbst 2008 zahlten Banken ihren Kunden für diese Treue im Schnitt nur 1,2 Prozent Zinsen pro Jahr. Fast jeder Haushalt lässt damit die Chance auf eine vernünftige Verzinsung ungenutzt.

Wer plötzlich Geld abziehen will, hat beim Sparbuch allerdings ein Problem: Auszahlungen über 2.000 Euro sind jeweils nur mit Voranmeldung von drei Monaten erlaubt. Wer diese „Kündigungsfrist" nicht einhält, muss so genannte Vorschusszinsen zahlen.

BEISPIEL KURZFRISTIGE GELDABHEBUNG VOM SPARBUCH

Sie wollen im Juli kurzfristig 2.000 Euro abheben. Dann gibt es kein Problem. Sie gehen zur Bank und heben einfach ab; der Fall ist erledigt. Brauchen Sie aber 5.000 Euro und haben dies nicht schon im April angekündigt, wird die Bank Vorschusszinsen berechnen – zumeist ein Viertel der Guthabenzinsen. Das bedeutet: Bei 2,0 Prozent Guthabenzinsen für Ihr Sparbuch darf die Bank höchstens 0,5 Prozent Vorschusszinsen berechnen. Wer also ohne Ankündigung 5.000 Euro abhebt, muss für 3.000 Euro „Strafzinsen" von etwa 0,5 Prozentpunkten zahlen, also rund 3,75 Euro im Vierteljahr.

Trick: Wer am Monatsende 2.000 Euro abhebt, kann am Beginn des folgenden Monats schon wieder 2.000 Euro ohne Ankündigung und damit ohne Vorschusszinsen abheben.

Als Notgroschen ist das Sparbuch bis zu einer Höhe von maximal zwei Nettogehältern sinnvoll, wenn man schnell Geld braucht. Beim Anlegen hat es jedoch ausgedient. Mit den Zinsen, die häufig unterhalb der Inflationsrate liegen, verliert man sonst nämlich jeden Tag bares Geld.

ACHTUNG SPARBUCH AM BESTEN AUFLÖSEN ACHTUNG

Das Buch macht seinem Namen längst keine Ehre mehr, also am besten auflösen! Wer sich partout nicht davon trennen mag, sollte wenigstens mal die Zinsen bei verschiedenen Banken vergleichen und notfalls die Bank wechseln, wenn es anderswo mehr gibt.

Tagesgeld

Es avanciert immer mehr zur modernen Form der kurzfristigen Geldanlage mit wenig Vermögen, weil das Ersparte dabei sicher, einfach und schnell verfügbar arbeitet. Der feste Zins ist aber stets nur für einen Tag sicher, wie die Bezeichnung Tagesgeld treffend ausdrückt. Für Anleger mit wenig Geld ist dies jedoch ein Segen, dass die Banken vermehrt seit der Krise auf dem Aktienmarkt im Jahr 2000 dieses Produkt den Geldmarktfonds der Investmentgesellschaften entgegen gesetzt haben. Das Geld ist nämlich zumeist ohne die hohe Hürde von größeren Mindestanlagebeträgen zu guten Konditionen und ohne Nebenkosten angelegt – formal auf unbestimmte Zeit, aber täglich verfügbar. Selbst in Zeiten niedriger Zinsen sind zwei bis vier Prozent Rendite pro Jahr möglich (siehe S. 41 ff.).

Anlegen mit mehr Geld

Im Grunde gilt zunächst dasselbe wie für Anleger mit schmalem Geldbeutel. Festgeld, festverzinsliche Wertpapiere und Sparbriefe bringen sichere und fest vereinbarte hohe Zinsen. Hinzu kommen weitere sichere Anlagemöglichkeiten, die alles in allem aber schon ein kleines Vermögen von häufig mindestens 5.000 Euro erfordern. Wer das mitbringt, hat gute

Chancen, noch mehr Zinsen zu kassieren. Zwei ausgewählte Beispiele, die auf S. 41 ff. vertieft werden.

Festgeld

Es avanciert immer mehr zur klassischen Form der vernünftigen Geldanlage, weil das Ersparte dabei sicher, einfach, zu fest vereinbartem Zins und schnell verfügbar angelegt ist. Festgeld - auch Termingeld genannt - kann man bei allen Banken anlegen, zwischen einem Monat und zwei Jahren. Vorteile: Bis zwei Werktage vor Ablauf der festen Sparfrist - daher die Bezeichnung Festgeld - können Sie entscheiden, ob Sie das Geld samt Zinsen wieder benötigen. Wenn Sie sich bis zwei Tage vor Ablauf des Termins nicht bei der Bank gemeldet haben, wird der verzinste Betrag automatisch um dieselbe Zeit verlängert. Das ist sehr bequem.

Zins und Zinseszins gehen sofort ins Ersparte mit ein. Für Festgeld gibt es im Zinshoch bis 8,5 Prozent Zinsen im Jahr, im Zinstief häufig noch über 3,0 Prozent (siehe S. 53 ff). Sie haben also mindestens den doppelten Gewinn gegenüber dem Sparbuch und können bei Bedarf auch schnell über die ganze Summe verfügen. Allerdings eröffnen die meisten Banken ein Festgeldkonto erst ab 5.000 Euro aufwärts, einige kleinere Geldhäuser schon ab 2.500 Euro.

Sparbriefe

Ebenfalls absolut sicher sind Sparbriefe. Allerdings liegt das Geld dort unerschütterlich für die gesamte Laufzeit fest, meist zwei bis sechs Jahre. Bei vielen Banken gibt es die Briefe, die als Urkunden ausgegeben werden, schon ab 250 Euro, häufig aber erst ab 1.000 Euro aufwärts. Für die Anlage von 2.000 Euro für 24 Monate vergeben die meisten Banken selbst in der Niedrigzinsphase zwischen 3,5 und fünf Prozent Zinsen pro Jahr (siehe S. 53 ff.).

Für die gesamte Laufzeit ist der vereinbarte Zins garantiert, er reicht bis 8,5 Prozent in früheren Hochzinsphasen. Bei den sehr selten angebotenen Wachstums-Sparbriefen, zu denen auch die altbekannten Bundesschatzbriefe gehören (siehe S. 53 ff.), steigt der Zins sogar jedes Jahr. Allerdings kommt die Rendite am Ende auch nicht höher, weil die Zinsen anfangs sehr viel niedriger als bei Sparbriefen mit stabilem Zins sind. In der Regel gilt: Bietet die Bank zum Beispiel sechs Prozent effektiven Jahreszins an, so gilt der bis zum Schluss der Geldanlage. Selbst dann, wenn am Geldmarkt die Zinsen inzwischen gefallen sein sollten.

ACHTUNG KAUF VON SPARBRIEFEN

Der Kauf von Sparbriefen lohnt sich vor allem in Zeiten höchster Zinsen, weil dieser Spitzenzins dann sehr lange konserviert und kassiert werden kann.

Grober Überblick

Als Gedankenstütze hier alle sicheren Anlagemöglichkeiten nach Laufzeiten geordnet. Die Renditen sind Richtwerte aus dem Herbst 1992 (Hochzinsphase) und Herbst 2008 (Niedrigzinsphase). Zudem geben sie eine Relation zwischen den Renditen der einzelnen Anlageformen an. Sie beziehen sich auf einen Sparbetrag von häufig 5.000 Euro.

TABELLE SO VIEL RENDITE IST UNGEFÄHR FÜR SICHERE ANLAGEN MÖGLICH

Anlageform	Zeitraum	Rendite (%)	
		Herbst 1992	Herbst 2008
• Tagesgeld	1 Tag	-	3,5
• Geldmarktfonds	unbegrenzt	-	3,2
• Bundes-Tagesanleihe	1 Tag	-	2,9
• Termingeld	1 Monat	6,75	3,3
• Sparbuch	Unbegrenzt	3,9	1,2
• Festgeld	6 Monate	7,0	3,8
• Festgeld	1 Jahr	8,0	4,1

TABELLE SO VIEL RENDITE IST UNGEFÄHR FÜR SICHERE ANLAGEN MÖGLICH

Anlageform	Zeitraum	Rendite (%)	
		Herbst 1992	Herbst 2008
• Finanzierungs-schätze	1 Jahr	8,4	2,25
• Finanzierungs-schätze	2 Jahre	8,3	2,25
• Pfandbrief	3 Jahre	8,6	4,4
• Sparbriefe	4 Jahre	8,2	4,0
• Bundesobligationen	5 Jahre	7,6	3,7
• Bundesschatzbriefe	6 Jahre	7,9	3,0
• Bundesschatzbriefe	7 Jahre	8,0	3,21
• Bundesanleihen	10 Jahre	7,25	3,9

Anlegen mit 18 – 35 – 50

An dieser Stelle kann ich nur einige Stichworte zur Anregung geben. Ohne professionelle Beratung als zweiten Schritt wird es nicht abgehen, wenn am Ende tatsächlich ein solides Vermögen stehen soll.

Anlegen mit 18

Mit 18 sind die meisten Jugendlichen noch in der Ausbildung. Entweder gehen sie noch einige Jahre zur Schule, mit der Option zu studieren, oder sie erlernen einen Beruf. Zumeist verfügen sie über kein nennenswertes Vermögen, haben aber hohen aktuellen Geldbedarf für den Konsum. Ihr Wissen zu Geldanlagen ist sehr begrenzt, der Anlagehorizont zumeist kurzfristig, seltener mittelfristig.

SPARFORMEN MIT HOHER SICHERHEIT

Unter diesen Vorzeichen nutzt es nur etwas, auf Sparformen mit hoher Sicherheit und gleichzeitiger Verfügbarkeit zu setzen. Kurzfristig bietet sich vor allem ein Tagesgeldkonto an. Mittelfristig lohnt auch ein Sparplan mit Bundesfinanzierungsschätzen, die online bereits ab 52 Euro angespart und auch kostenlos deponiert werden können.

Das Geld kann per Lastschriftverfahren abgezogen werden, was den Zwang zum regelmäßigen Sparen erhöht. Sparpotenzial gegenüber Filialbanken: viel Zeit und Depotgebühren von rund 30 Euro pro Jahr bei 5.000 Euro Anlagebetrag.

Anlegen mit 35

Mit 35 haben die meisten den beruflichen Karrieresprung geschafft und verdienen relativ stabiles Geld. Vielfach sind über 1.800 Euro Haushaltseinkommen netto verfügbar. Das Vermögen ist zwar nicht riesig, aber ein solider Grundstock von 15.000 Euro und mehr ist durch das Einkommen relativ schnell aufgebaut. Zwar bleibt der aktuelle Geldbedarf für den Konsum häufig hoch (Wohnungseinrichtung, Auto, Urlaub), doch durch kluge Haushaltsplanung sind monatlich 150 Euro zur Geldanlage oder Vorsorge übrig.

Je nach Familiensituation kann die Kraft für regelmäßige Rücklagen unterschiedlich sein. Singles – sie machen in Deutschland ein Drittel aller Haushalte aus – haben anders als Zweipersonenhaushalte (31 Prozent aller Haushalte) nur ein Einkommen und zahlen daher relativ mehr für feste Alltagsausgaben wie Miete. Für Dreipersonenhaushalte (17 Prozent) und noch größere Familien (18 Prozent) wachsen die Geldanlage-Träume wegen der Kinder nicht in den Himmel, sofern nicht beide Eltern berufstätig sind und dabei auch gut verdienen.

Das Wissen zu Geldanlagen ist halbwegs vorhanden, der Anlagehorizont sowohl kurz-, mittel- und langfristig. Geprägt durch Einkommen und Familiensituation werden häufig Anlageformen mit hoher Sicherheit bevorzugt, in die sich auch bequeme Altersvorsorge (Lebensversicherung) bzw.

der Drang nach einem Eigenheim mischt. Singles wagen sich mit Teilbeträgen auch an riskantere Anlagen wie Aktien heran oder setzen auf eine Eigentumswohnung.

Kurzfristig unterscheiden sich die Tipps nicht zu Anlegern im Alter von 18 Jahren. Mittelfristig lohnen festverzinsliche Wertpapiere von soliden Schuldnern wie der Bundesrepublik Deutschland (Bundeswertpapiere). Langfristig kommt ein Sparplan mit Aktienfonds in Betracht, falls man zehn bis 20 Jahre nicht gezwungen ist, auf diese Ersparnisse vorzeitig zurückzugreifen. Bei guter Börsenentwicklung mit soliden Kurssteigerungen kann man auch schon früher die Früchte dieser stark schwankenden Anlage ernten. Generell eignen sich vor allem Investmentfonds wegen der Risikostreuung überwiegend gut für diese Altersgruppe (siehe S. 103 ff.). In diesem Alter sollten Sie auch die finanzielle Vorsorge für Ihr Alter starten, denn die gesetzliche Altersrente sichert nur noch knapp die Hälfte Ihres letzten Nettoeinkommens vor Beginn des Ruhestandes.

Anlegen mit 50

Mit 50 sind die meisten beruflich fest im Sattel und zählen häufig zu den Besserverdienern. Vielfach sind über 2.500 Euro Haushaltseinkommen netto verfügbar. Das Vermögen ist nicht selten auf 30.000 Euro oder mehr angewachsen. Der aktuelle Geldbedarf für den Konsum lässt tendenziell nach, dafür wird verhältnismäßig stark auf private Altersvorsorge gesetzt (Lebensversicherung, Wohneigentum). 100 bis 300 Euro sind monatlich zur zusätzlichen Geldanlage verfügbar.

Je nach Familiensituation – die Kinder kommen langsam aus dem Haus, kosten aber in der Ausbildung Geld – ist es auch mal nötig, einen Teil der Ersparnisse anzugreifen. Das Wissen zu Geldanlagen ist erfahrungsgemäß besser als in jüngeren Jahren, der Anlagehorizont wird umso kürzer, je näher der Ruhestand rückt. Häufig werden Sparformen gestreut, die hohe Sicherheit zum Rentenstart gewährleisten und einen Mix aus gesundem Risiko und überdurchschnittlichen Ertragschancen (Aktien). Zudem müssen größere Beträge nun so investiert werden, dass sie zu bestimmter Zeit verfügbar sind, etwa, um finanzielle Verbindlichkeiten für Wohneigentum spätestens mit dem Rentenstart abzulösen und damit den Ruhestand schulden- und mietfrei beginnen zu können.

ACHTUNG TAGESGELD UND GELDMARKTFONDS ACHTUNG

Kurzfristig bieten sich wiederum wie bei 18-Jährigen Tagesgeld und Geldmarktfonds an. Mittelfristig lohnen größere Beträge in Aktienfonds. Auch der Kauf von Bundesanleihen lohnt. Auch der Kauf einer vermieteten Eigentumswohnung kann sinnvoll sein, falls sich preisgünstige Angebote finden und Ihr persönlicher Einkommensteuersatz hoch ist.

Vermögen kann man planen

Wer Fehltritte in seiner Vermögensplanung umgehen will, ist auf verlässlichen Rat angewiesen. Der muss nicht unbedingt teuer, sollte aber in jedem Fall frei von Provisionsgedanken sein. Die richtigen Ansprechpartner finden Sie im letzten Kapitel (S. 147 ff.). Gute Geldanlagen zeichnen sich im Wesentlichen durch fünf Merkmale aus:

- **Sicherheit:** Wer es sich nicht leisten kann, Geld zu verlieren, sollte immer auf Nummer Sicher gehen und riskante Anlagen wie Aktien, variabel verzinsliche Wertpapiere, Zertifikate oder Festverzinsliche von wenig kreditwürdigen Unternehmen und Banken meiden (siehe auch S. 159 ff.).

- **Rendite:** Der Ertrag, ausgedrückt in Prozent pro Jahr, soll möglichst hoch sein. Unter fünf Prozent Zinsen sollten Sie Ihr gutes Geld nicht vergeben. Nach Abzug der Inflation sollten noch drei Prozent vor Steuern übrig bleiben

- **Liquidität:** Bei Bedarf müssen Sie schnell wieder an Bargeld kommen können, möglichst ohne Verluste wie den leidigen Strafzinsen beim Sparbuch, wenn Sie unangemeldet über 2.000 Euro auf einen Schlag abheben wollen. Daher sollte das Vermögen aufgeteilt werden und der nicht kurzfristig benötigte Teil möglichst hochrentierlich angelegt werden.

- **Inflationsschutz:** Da die Lebenshaltungskosten den Sparbuchzinsen davonlaufen, vernichten Sparbuch-Anleger systematisch ihr Geld. Alternative: Mit langfristigen hochverzinslichen Papieren der Inflation trotzen und möglichst auf mehrere Anlageformen streuen. So lässt sich an langfristiger Wertsteigerung teilhaben.
- **Steuerersparnis:** Die meisten Anleger können nur in Niedrigzinsphasen ruhig schlafen: Die geringen Sparerfreibeträge von nur 801 Euro pro Person für Kapitalerträge pro Jahr sind schnell überschritten. An jedem weiteren Euro an Zinsen, Dividenden und Kursgewinnen verdient das Finanzamt seit 2009 mindestens 25 Prozent mit. Diese Abgeltungsteuer lässt sich nur im Ausnahmefall verringern und nach hinten verschieben (siehe S. 137 ff.).

Hüten Sie sich vor Illusionen: Für eine absolut sichere Geldanlage gibt es niemals die höchsten Renditen, denn die Rendite wächst immer mit dem Risiko. Deswegen sind auch Zinsversprechen von zehn, 20 oder gar 30 Prozent im Jahr, wie sie besonders auf dem grauen Kapitalmarkt vorkommen, blanke Illusion.

Wer bereit ist, sein Geld längerfristig auszuleihen, wird in der Regel mit einem höheren Zins belohnt. Für kurzfristige Anlagen gibt es in der Regel niedrigere Zinsen. Aber: Mitunter steht diese Investmentregel auf dem Kopf, denn kurzzeitige Anlagen brachten Ende der 80er Jahre bis Mitte der 90er Jahre und auch 2007/2008 mitunter mehr Zinsen als längerfristige. Solche im Fachjargon als inverse Zinsstruktur umschriebene ungewöhnliche Situation deutet darauf hin, dass eine Hochzinsphase über mehrere Jahre zu Ende geht.

In manchen Jahren entwickeln sich die Ersparnisse nicht so wie gewünscht. Gerade wer jeden Monat einen festen Betrag zurücklegt und dann am Jahresende feststellt, dass der aktuelle Kontostand niedriger als zu Jahresbeginn ausfällt, braucht starke Nerven, um die Lust am Sparen nicht zu verlieren. Je riskanter die Anlage, desto höher können auch die Verluste sein. Doch letztlich verliert dann meist nur derjenige, der dann seine im Kurs gebeutelten Aktien oder Aktienfonds tatsächlich verkauft. Wer solche schlechten Zeiten dagegen aussitzt, hat zumindest die Hoffnung auf Kurserholung und längerfristig gar auf Wertsteigerung.

Damit die Lust an der Geldanlage nicht auf der Strecke bleibt, sind insbesondere zwei Dinge wichtig.

- Erstens: Man braucht die richtige Strategie, damit sich das Geld langfristig tatsächlich vermehrt.
- Zweitens: Anlegen sollte auch Spaß machen. Das klappt, wenn der goldene Mittelweg zwischen dem Konsum heute und Sicherung der lebensqualität morgen gefunden wird.

Fachleute unabhängiger Vermögensberatung nennen immer wieder sechs wichtige Punkte:

1. Prioritäten setzen und den künftigen Bedarf zum Ausgangspunkt der kurz-, mittel- und langfristigen Vorsorge machen.
2. Regelmäßig und gezielt ansparen und so ein Vermögen aufbauen. Wer nachhaltig zehn bis 15 Prozent seines verfügbaren Einkommens auf die hohe Kante legt, wird erfolgreich sein.
3. Verlust der Anlage vermeiden. Der Weg: Das Risiko von Ausfällen vorher prüfen (Sicherung der Einlagen im Pleitefall der Bank) und gegebenenfalls Garantien bei den Anlageformen einbauen lassen. So muss bei der Riester-Rente jeder Anbieter garantieren, dass das eingezahlte Geld zu Auszahlungsbeginn vollständig erhalten ist (Null-Prozent-Garantie).
4. Je mehr Geld vorhanden ist, desto sinnvoller ist die Streuung auf verschiedene Produkte und Märkte. Je länger der Anlagezeitraum gewählt wird, desto mehr verlieren auch riskante und im Wert stark schwankende Anlageformen wie Aktien oder Rohstofffonds ihr Risiko.
5. Unabhängige Beratung ist ein kostbares Gut beim Vermögensaufbau. Unabhängigen Rat gibt es aber nur bei unabhängigen Beratern (siehe S. 147 ff.).
6. Anlegen mit durchdachtem System erhöht den Spaß beim Sparen. Dazu gehört zum Beispiel, Sparraten unmittelbar nach dem Gehaltseingang auf dem Girokonto abbuchen zu lassen. Damit fällt die Gewöhnung an das niedrigere verfügbare Einkommen leichter und

wird bald als Normalzustand empfunden. Bei Gehaltserhöhung sollte die Sparrate zudem angemessen erhöht werden.

Der optimale Anlage-Mix

Vorab: Patentrezepte können ehrlichen Herzens nicht einmal die besten Berater der Banken liefern. Bestenfalls gibt es zur Rendite Durchschnittswerte aus der Vergangenheit, die in der Zukunft durch weltwirtschaftliche Turbulenzen über den Haufen geworfen werden können, wie die Finanzkrise 2007/2008 leider bestätigt hat. Der klassische Grundsatz, je ein Drittel in Gold, Immobilien und Wertpapieren anzulegen, ist für Normalverdiener zu weit hergeholt. Was sollen Sie im Alltag zum Beispiel mit Gold, der klassischen Notwährung, die noch nicht einmal als Zahlungsmittel anerkannt ist?

Selbst Experten des Geldgewerbes bestätigen, dass es keine generelle, langfristig optimale Geldanlage gibt. Vielmehr muss das Vermögen ständig den veränderten Gegebenheiten angepasst werden, wenn man wirklich mehr aus seinem Geld machen will. Um beim Sparbuch zu bleiben: Wenn Ihre Bank partout nicht mehr als 1,0 Prozent Zinsen zahlen will, Sie aber nicht auf das gute alte Sparbuch verzichten möchten, dann wechseln Sie eben zu einer anderen Bank, die 2,5 Prozent oder mehr bietet. Oder schaffen sich gleich ein Tagesgeldkonto an, das zumeist bessere Verzinsung bietet. Natürlich gibt es einige Faustregeln, mit deren Hilfe auch Normalverbraucher ihrem optimalen Anlage-Mix sehr nahe kommen. Dazu gehört:

- nicht alles Geld auf eine Karte setzen, sondern mehrere Eisen im Feuer behalten, also die Geldanlage auf mehrere Formen streuen;
- nicht eine einzige Anlageform vergöttern, denn es gibt keine einseitige Überlegenheit auf Dauer;
- langfristig auf Sachwerte wie das Eigenheim hinarbeiten, denn die steigen in ihrem Wert und bieten einen attraktiven Schutz vor der Geldentwertung,

- auf solidem finanziellem Fundament auch mal ein höheres Risiko eingehen, etwa durch Aktienfonds;
- den Anlage-Mix von Zeit zu Zeit überprüfen, besonders dann, wenn die Laufzeit von Geldanlagen sich ihrem Ende entgegen neigt oder ein Trend bei der Zinsentwicklung zu Ende zu gehen scheint.

ACHTUNG ANLAGE-MIX ACHTUNG

Für einen durchschnittlichen Anleger, der sich hier nur als theoretische Größe betrachten lässt, empfehlen Experten folgenden Anlage-Mix. Vorausgesetzt, man verfügt über das nötige Kleingeld und gehört zu den Haushalten mit einem Monatseinkommen zwischen 1.500 und 2.000 Euro:

- 35 Prozent Immobilien,
- 25 Prozent festverzinsliche Wertpapiere und Festgeld,
- 25 Prozent Aktien,
- 10 Prozent Investmentfonds.

Dieses Spektrum spricht so noch nicht die Masse der Anleger an. Wie Sie sich beim Vermögensaufbau sicherer auf dem Anlage-Parkett bewegen können, zeige ich Ihnen in den folgenden Kapiteln.

Wo Ihr Geld sicher angelegt ist

Nicht jeder Euro ist beim Anlegen sicher aufgehoben. Wer seiner Bank Geld anvertraut, will es meist sicher und gewinnbringend angelegt wissen. Fest steht: Bei der Bank ist das Ersparte wesentlich sicherer als auf dem so genannten grauen Kapitalmarkt. Gegen das Treiben selbsternannter Finanzberater außerhalb der Bank ist rechtlich auch nach der Finanzkrise kaum ein Kraut gewachsen. Doch auch bei den Banken sollten Anleger nicht zu vertrauensselig sein.

Schutz vor Bankpleiten

Banken können bei einer Insolvenz für die Einlagen der Sparer immer haftbar gemacht werden. Dafür sorgt in Deutschland ein so genannter Einlagensicherungsfonds. Seit der letzten deutschen Bankpleite 1976 helfen sich Kreditinstitute mit Geld aus diesem Feuerwehrfonds bei vorübergehenden Zahlungsschwierigkeiten. Jedes Geldhaus zahlt jährlich drei Tausendstel eines genau definierten Bilanzpostens in den Topf und erhält bei Engpässen Zuschüsse daraus. Auf diese Weise werden alle Spareinlagen abgedeckt, selbst wenn jeder Anleger am selben Tag sein Geld abheben würde.

In allen Fällen von Banken-Zusammenbrüchen sind Sparer abgesichert – jedoch nicht immer bis auf den letzten Cent: Wie die Feuerwehr auch längst nicht bei jedem Einsatz alles Hab und Gut retten kann, schafft es der Einlagensicherungsfonds auch nicht immer, Anleger-Geld bis auf den letzten Cent zu ersetzen. Im Prinzip ist es bei Banken oder Bausparkassen zwar sicher, doch der Teufel steckt im Detail. Wer sich die Kreditinstitute nicht genau anschaut, hat leicht das Nachsehen. Den Durchblick erleichtern die unterschiedlichen Sicherungssysteme nicht gerade.

Unterschiedliche Qualität der Einlagensicherung

Die Einlagensicherung unterscheidet sich vor allem nach dem Status der Kreditinstitute – öffentlich-rechtlich (Sparkassen), genossenschaftlich (Volks- und Raiffeisenbanken) oder privat.

TABELLE EINLAGENSICHERUNG BEI DEUTSCHEN BANKEN

Bank	Sicherung
• Sparkassen	Einlagen sind in voller Höhe abgesichert – und zwar in doppelter Hinsicht. Zum einen sichert die jeweilige Kommune die volle Erstattung des Geldes ab (Gewährträgerhaftung der Kommune), zum anderen existieren regionale Sicherungssysteme zwischen den einzelnen Sparkassen
• Genossenschaftsbanken	Einlagen sind zu 100 Prozent abgesichert. Dafür sorgt die bundesweite Sicherungseinrichtung beim Bundesverband der Deutschen Volksbanken und Raiffeisenbanken (Garantiefonds)
• Privatbanken	Einlagensicherungsfonds des Bundesverbandes Deutscher Banken garantiert, dass jede Anlagesumme bis zur Höhe von 30 Prozent des haftenden Eigenkapitals abgesichert ist. Umgerechnet sind das im Insolvenzfall mindestens 1,5 Millionen Euro pro Kunde

Ausnahme: Lediglich Inhaberschuldverschreibungen von Privatbanken, also festverzinsliche Wertpapiere dieser Kreditinstitute, sind im Gegensatz zu Schuldverschreibungen von Sparkassen und Volksbanken nicht abgesichert. Pech hatten demnach die Käufer von Inhaberschuldverschreibungen der privaten Gontard & Metallbank in Frankfurt/Main, die im Frühjahr

2002 ihre Schalter schließen musste: Investitionen in Inhaberpapiere waren verloren, alle anderen Einlagen bis zur Höhe von 12,09 Millionen Euro pro Kunde waren dagegen abgesichert. Jüngeren Datums ist die Schließung des Bankhauses Lehman Brothers in Frankfurt/Main Ende Oktober 2008, das in die Zahlungsunfähigkeit rutschte, nachdem mehrere Gesellschaften des Konzerns in den USA Gläubigerschutz beantragen mussten und inzwischen pleite sind. Durch den Einlagensicherungsfonds der Privatbanken waren Spareinlagen, Sparbücher und -briefe, Termineinlagen und Festgeld sowie Sichteinlagen auf Girokonten in voller Höhe geschützt. Dagegen verloren Kunden ihr Geld vollständig, die Inhaberschuldverschreibungen und damit Zertifikate von Lehman Brothers gekauft hatten.

Mancher Sparer sucht gerade wegen erhöhter Zinsversprechen eine kleinere Bank zur Geldanlage aus. Der Grund: Die hier beschriebene Form der Einlagensicherung bei Privatbanken ist eine freiwillige Sicherung. Das heißt: Keine Bank kann zur Teilnahme verpflichtet werden. Damit jedoch Anleger nicht ihr gesamtes Vermögen verlieren können, gibt es eine gesetzliche Mindestsicherung, die ausnahmslos jede Bank bieten muss. Im Pleitefall sind maximal 20.000 Euro pro Anleger geschützt, wobei der geschädigte Kunde stets 10 Prozent des Schadens selbst zu tragen hat, also maximal 2.000 Euro Selbstbehalt in Kauf nehmen muss. Übrigens: Für die gesetzliche Mindestsicherung ist die „Entschädigungseinrichtung deutscher Banken GmbH" zuständig (www.edb-banken.de).

Wenn also eine Bank nur der gesetzlichen Mindestsicherung angehört, so birgt das Risiken, die gerade Anleger mit geringem Vermögen empfindlich treffen können: Anders als bei Millionären können 2.000 Euro Verlust eine herbe Enttäuschung sein. Einige andere EU-Länder garantieren per Gesetz einen etwas höheren Schutz:

TABELLE EINLAGENSICHERUNG BEI BANKEN EUROPÄISCHER LÄNDER (AUSWAHL)

Land	Einlagenschutz bis ... Euro[1]
• Italien	103.000
• Frankreich	70.000
• Großbritannien	44.000[2/3]
• Dänemark	40.000
• Niederlande	40.000
• Portugal	25.000
• Schweden	25.000
• Finnland	25.000
• Island	20.887
• Belgien	20.000
• Griechenland	20.000
• Spanien	20.000
• Österreich	20.000
• Irland	20.000[3]
• Luxemburg	20.000[3]
• Deutschland	20.000[3]
• Schweiz	19.800[4]

[1] mitunter wird höherer Schutz geboten; [2] auf Kanalinseln Guernsey und Jersey gilt keine Einlagensicherung); [3] 10 Prozent Selbstbehalt des Kunden; [4] ab Mai 2009 bis 66.000 Euro geplant
Stand: 31.01.2009 (ab Mai 2009: in EU 50.000 Euro Mindestsicherung)
Quelle: Deutsche Bundesbank

Man muss also schon genau auf das Herkunftsland der Bank achten. Und dann ist es noch ein Unterschied, ob die Bank in Deutschland eine Tochter-Bank gründet oder nur eine Zweigniederlassung eröffnet. Wird eine Bank-Tochter gegründet, so ist die deutsche Finanzaufsicht im Pleitefall zuständig. Damit wird eine schnelle Entschädigung von Deutschland aus vorgenommen. Zudem sind solche Banken-Töchter zumindest auch in die deutsche gesetzliche Einlagensicherung einbezogen. Einige ausländische Institute sind sogar dem Einlagensicherungsfonds des Bundesverbandes Deutscher Banken beigetreten, der Ersparnisse von mindestens 1,5 Millionen Euro pro Kunde absichert – außer Inhaberschuldverschreibungen der Banken selbst. Dazu gehören unter anderem die niederländische ABN Amro Bank, die spanische Banco Santander Central Hispano oder die dänische Den Danske Bank.

Anders ist die Situation bei den rund 200 ausländischen Banken, die in Deutschland nur mit Zweigniederlassungen oder Zweigstellen vertreten sind. Sie stehen unter der Finanzaufsicht des jeweiligen Mutterlandes. Im Pleitefall müssten sich deutsche Anleger dann an die Entschädigungseinrichtung im Ausland wenden. 30.000 deutsche Kunden der isländischen Bank Kaupthing Edge können ein Lied davon singen. Die Bank hatte bis in die Finanzkrise 2008 hinein Tagesgeld in Höhe von 5,65 Prozent für die ersten sechs Monate geboten und anschließend 5,1 Prozent versprochen. Die Verzinsung sollte bis 2012 stets über Leitzins im Euro-Wirtschaftsraum liegen. Doch es kam anders. Die Bank rutschte im November 2008 in die Pleite. Für deutsche Anleger war die isländische Einlagensicherung zuständig, die Einlagen bis zu 20.887 Euro pro Kunde ersetzt – doch erst nach vielen Monaten. Und nur dann, wenn der isländische Staat zahlungsfähig bleibt. Glück für die 30.000 deutschen Kaupthing-Anleger: Deutschland gewährte der isländischen Einlagensicherung einen Kredit in Höhe aller Einlagen deutscher Kunden, so dass jeder entschädigt wurde.

Bei Zweigstellen ausländischer Banken in Deutschland wird manchmal Besseres geboten als die gesetzliche Regelung von 90 Prozent Entschädigung für maximal 20.000 Euro Einlage. Beispiel Niederlande: Dort sichert der gesetzliche Einlagensicherungsfonds 20.000 Euro ab und fordert – anders als das deutsche Gesetz – keinen Selbstbehalt des Kunden im Pleitefall der Bank. Dieser leichte Vorzug kommt auch den Kunden der niederländischen Geldhäuser zugute, die in Deutschland tätig sind.

Banken, die aus Nicht-EU-Ländern stammen und sich in Deutschland niederlassen wollen, brauchen eine Genehmigung der Finanzaufsicht und sind dann automatisch der gesetzlichen Einlagensicherung in Deutschland angeschlossen. Konsequenz: Im Pleitefall der Bank werden bis zu 20.000 Euro ersetzt, abzüglich zehn Prozent Selbstbehalt. Aber Vorsicht: Ersparnisse auf Banken der zu Großbritannien gehörigen Kanalinseln Guernsey und Jersey sind bei Insolvenz nicht abgesichert.

Die EU-Kommission will die gesetzliche Einlagensicherung in der EU deutlich verbessern. So sollen die Sparer im Fall einer Bankpleite innerhalb von drei Tagen ihr Geld zurückbekommen. „Die derzeit geltende Auszahlungsfrist von drei Monaten, die auf neun Monate verlängert werden kann, schafft kein Vertrauen bei den Sparern", heißt es im Reform-Entwurf. Zudem steigt der gesetzliche Mindestschutz von Bankguthaben wohl ab 1. Mai 2009 auf 50.000 Euro sowie spätestens 2010 in allen EU-Staaten auf 100.000 Euro.

Noch ein Satz zur Sicherheit von Investmentfonds im Insolvenzfall der Fondsgesellschaft: Als Sondervermögen sind Investmentfonds absolut sicher. Die gesetzliche Regelung sieht vor, dass bei Insolvenz der Investmentgesellschaft das Sondervermögen nicht in die Konkursmasse eingeht, sondern eigenständig erhalten bleibt. Das Recht zur Verwaltung der Sondervermögen geht dann auf die Depotbank über. Sie hat dann den Investmentfonds abzuwickeln und den Erlös an die Anleger zu verteilen. Alternativ kann sie den Fonds mit Zustimmung der Bundesanstalt für Finanzdienstleistungsaufsicht an eine andere Kapitalanlagegesellschaft übertragen. Die Zahl der erworbenen Anteile ist dem Anleger also sicher, die Höhe pro Anteil jedoch nicht.

Worauf man sich mit riskanten Anlagen der Bank oder am grauen Markt einlässt

Bei jeder Bank haben Sie es mit geschultem Personal und seriösen Praktikern zu tun. Ihr Geld ist dort gut aufgehoben, allerdings nicht ganz so sicher wie in Abrahams Schoß. Zum einen liegt das am individuell gewählten Risiko Ihrer Anlagen. Beispiel: Ein festverzinsliches Wertpapier wie der Bundesschatzbrief ist absolut sicher, während ein nichtfestverzinsliches Wertpapier wie eine Aktie auch Verluste bringen kann.

Zum anderen können auch Banker Fehler machen oder falsch beraten. Daher ist es gut, seine Rechte als Anleger zu kennen. Meist gelingt es allerdings nicht, die Bank für falschen Rat haftbar zu machen, falls im schriftlichen Beratungsprotokoll keine Fehler nachweisbar sind. Der Kunde kann allerdings nicht die Herausgabe des Protokolls erzwingen, denn auf die Unterlagen der Bank hat er keinen Zugriff. Viele Institute händigen schriftliche Aufzeichnungen freiwillig nicht aus.

ACHTUNG SIE SIND BEWEISPFLICHTIG ACHTUNG

Bestehen Sie zu Beginn der Beratung darauf, sofort Kopien von dem Beratungsprotokoll zu erhalten. Denn im Streitfall muss immer der Kunde beweisen, dass er falsch beraten wurde. Weigert sich die Bank, sollte dort kein Produkt gekauft werden. Ergänzend empfiehlt es sich, eigene Notizen zu machen und bei größeren Summen einen Zeugen mitzunehmen.

Zwischen Anleger und Bank kommt stets ein Auskunfts- oder Beratungsvertrag mit Haftungsfolgen zustande, wenn der Anleger offensichtlich beraten werden will und sich auf das Wissen der Bank verlässt (BGH; Az: IVa ZR 122/85). Jeder Banker hat sich dabei an die Risikobereitschaft des Kunden zu halten:

TABELLE RISIKOEINSTUFUNG VON ANLEGERN DURCH BANKEN

Anlageprofil	Stufe
• Euro-Geldmarktfonds, kurz laufende Euro-Fonds, Euro-Anleihen sehr guter Bonität, Offene Immobilienfonds	1
• Euro-Anleihen guter Bonität, Investmentfonds deutscher Renten, kurz laufende Fonds harter Währungen, Anleihen sehr guter Bonität in Hartwährungen, international gestreute Rentenfonds überwiegend in Hartwährungen	2
• Wandel- und Optionsanleihen, deutsche Aktienfonds, deutsche Standardaktien, international gestreute Aktienfonds, Länderfonds in europäischen Hartwährungen	3
• Deutsche Aktien-Nebenwerte, stark risikobehaftete Anleihen, Optionsscheine aller Art, Zertifikate	4
• Ausländische Aktien-Nebenwerte, stark risikobehaftete Anleihen, Optionsscheine aller Art , Optionen & Futures	5

Will der Anleger kein Risiko eingehen, dürfen ihm zum Beispiel keine riskanten Anlagen minderer Qualität empfohlen werden. Die Sache hat aber einen Haken: Verliert der Kunde Geld, muss er der Bank erst einmal beweisen, dass gegen Aufklärungs- und Beratungspflichten verstoßen wurde.

Mitunter geht es bei der Beratung über den bloßen Irrtum hinaus. Die Stiftung Warentest kam zu dem Schluss, dass mancher Anlageprofi ganz bewusst vor allem an Umsatz der Bank statt an Beratung für den Kunden denkt. Deshalb kann es ein gefährlicher Irrtum sein, in Banken neutrale Berater zu vermuten. Vielmehr handelt es sich um Dienstleistungsunternehmen, die mit Ihrem Geld Gewinne machen wollen. Umso wichtiger ist das schon erwähnte Beratungsprotokoll. Anleger sollten sich diesen Fahrplan für das Gespräch zurechtlegen und Punkt für Punkt aktiv verfolgen:

CHECK

CHECKLISTE: BERATUNGSGESPRÄCH

Benennen Sie Ihr konkretes Anlageziel (Muster: „Ich will eine sichere Geldanlage und das Geld vier Jahre anlegen.").	☐
Erläutern Sie vorab Ihre Einkommens- und Familiensituation	☐
Wichtig sind nicht nur die Zinsen, sondern auch die Rendite. Wird eine Rendite garantiert, sollten Sie stutzig werden: Die gibt es nur sehr selten.	☐
Lassen Sie sich Anlagekosten, Gebühren und beim Wertpapierkauf auch die Kosten für das Depot auflisten.	☐
Erkundigen Sie sich nach dem Risiko der Geldanlage.	☐
Lassen Sie sich Fachbegriffe erklären, die Sie nicht kennen, und fragen Sie nach, wenn Sie etwas unverständlich bleibt.	☐
Fragen Sie nach Steuervorteilen.	☐
Verlangen Sie das Angebot schriftlich und schlafen eine Nacht drüber.	☐
Fragen Sie nach dem Kundenservice, etwa: regelmäßig kostenfrei Anlageempfehlungen.	☐
Bei hoher Anlagesumme (ab 5.000 Euro) immer mehrere Angebote einholen.	☐

Für unrichtige, unvollständige oder gewollt irreführende Angaben muss die Bank voll haften. Zumindest ist der Geldberater verpflichtet, sein aktuelles Wissen bei der Beratung voll zu offenbaren und nichts wegzulassen, was seinen Rat als bedenklich erscheinen lassen würde – einschließlich steuerlicher Auswirkungen für Kunden. Fragen Sie ihn auch, woher er sein Wissen hat, mit wem er gesprochen hat usw. Aus den Quellen können Sie schließen, wie ernst er Ihren persönlichen Fall überhaupt nimmt. So muss der Bankberater auch negative Berichterstattung in der allgemein anerkannten Wirtschaftspresse beachten und den Kunden darüber informieren, so urteilte der Bundesgerichtshof (Az.: XI ZR 89/07). Als Beispiele nannten die obersten Bundesrichter die Berichterstattung in FAZ, Börsen-Zeitung oder Financial Times Deutschland.

Wenn Sie glauben, schlecht beraten zu sein: Wechseln Sie die Bank oder wehren Sie sich vor Gericht, allerdings erst nach gründlicher Beratung durch einen Anwalt oder andere Experten (siehe S. 147 ff.). Nicht immer bekommen geschädigte Kunden Recht. So hat das Landgericht Frankfurt am Main entschieden: Die Frankfurter Sparkasse muss keinen Schadenersatz leisten, nachdem ein Kunde durch die Insolvenz von Lehman Brothers 12.000 Euro verloren hatte, die in Lehmann-Zertifikaten angelegt waren. Eine fehlerhafte Beratung sei nicht ersichtlich, erklärte das Gericht. Ein Totalverlust sei nicht vorhersehbar gewesen. Das Rentnerehepaar hatte behauptet, nie von selbst auf die Idee gekommen zu sein, ein Zertifikat zu kaufen (Az.: 2-19 O 62/08 – nicht rechtskräftig).

Wer bei Verlusten haftet

Selbsternannte Finanzberater außerhalb der Banken bieten unüberschaubar viele Geldanlagen, die oft genug sogar verschiedene Anlagen koppeln und verwirrende Finanzkonstruktionen basteln. Das muntere Treiben auf diesem so genannten grauen Kapitalmarkt ist mit Fallstricken für den Anleger verbunden, vor allem: Hohe Renditen, die immer versprochen werden, kann keiner wirklich garantieren, und mit der Haftung bei Verlusten sieht es meist auch nicht gut aus, weil die Firmen häufig nur wenig haftendes Eigenkapital besitzen. Treffend heißt dieser Markt auch deshalb grau, weil für Kapitalinvestitionen, die an der Haustür verkauft werden, vielfach die Transparenz fehlt. Die Masche der selbsternannten Anlageberater ist fast immer dieselbe, begünstigt durch eine lasche Rechtslage. Denn schon mit einem Gewerbeschein für wenige Euro in der Tasche darf sich jeder ungestraft Finanzberater nennen. Die damit verbundenen Risiken müssen allein die Anleger tragen. Beispiel aus früheren Jahren: das Unternehmen "MFP 6". Jeder, der Erspartes bei dieser Firma angelegt hatte, erhielt irgendwann ein Schreiben, dass inzwischen alle Konten auf null stehen. Polizei und Staatsanwaltschaft ermitteln dann in der Regel schon. Von allen beteuerten Kapitalgarantien bleibt nichts übrig. Auf ähnlich unsicheren Füßen stehen viele der rund 400 Unternehmen des grauen Kapitalmarktes, die zwischen Tür und Angel Geldanlagen mit abenteuerlichen Renditeversprechen von 20 bis 500 Prozent verkaufen. Realistisch und sicher sind dagegen bestenfalls fünf Prozent Rendite im Jahr.

Häufig locken Firmen außerhalb der Banken mit deutlich mehr Zinsen, als in den Kreditinstituten zu haben sind. Dieser Kapitalmarkt wird zu großen Teilen immer noch nicht von der staatlichen Finanzaufsicht kontrolliert – insbesondere Firmenbeteiligungen – und birgt schon deshalb große Risiken, zumal in dieser Grauzone eher windige Firmen operieren. Außerdem gibt es auf diesem grauen Markt keine Einlagensicherung – bei Firmenpleiten ist das Sparergeld verloren. Laut Bundeskriminalamt verschwinden allein durch Kapitalanlagebetrug jedes Jahr 30 Milliarden Euro deutscher Sparer auf Nimmerwiedersehen. Seien Sie schon skeptisch, wenn Ihnen 2,0 Prozentpunkte mehr als für Bundesschatzbriefe geboten werden, und erkundigen Sie sich am besten bei der Verbraucherzentrale, ob die Firma schon negativ aufgefallen ist. Auf einer so genannten schwarzen Liste stehen zumindest die schlimmsten Abzocker, die Unternehmensbeteiligungen verkaufen:

TABELLE LISTE UNSERIÖSER FINANZANGEBOTE

Anbieter	Anlageform
• DM Beteiligungen	Teilschuldverschreibungen
• Wohnungsbaugesellschaft Leipzig-West	Teilschuldverschreibungen
• EECH	Teilschuldverschreibungen
• Fidium Finanz AG	Kreditvergabe ohne Schufa
• Private Commercial Office Inc. (PCO)	Unerlaubte Bankgeschäfte; Versprechen auf 6 % Zins
• Glatt Sparkasse E.F.; Novex Sparkasse E.F; 1911Direct Sparkasse E.F.	Unerlaubte Bankgeschäfte über Scheinbanken in Schweden

TABELLE

LISTE UNSERIÖSER FINANZANGEBOTE

Anbieter	Anlageform
• Club von Trade Community (Bernd Chowanietz)	Unerlaubte Online-Bankgeschäfte
• FISS-Management AG (Steffen Schlegel)	Unerlaubte Bankgeschäfte; Versprechen auf 16 % Zins
• Konsumgüter Direktvertrieb e.V.	Unerlaubte Bankgeschäfte
• Your Life Direktvertriebs GmbH; AktienPower AG	Unerlaubter Aktienvertrieb
Quellen: BaFin/Verbraucherzentrale Berlin; Stand: 2007/2008	

Diese Auswahl ist nicht vollständig – Anleger können also nicht blind auf andere Firmennamen vertrauen. Bankgeschäfte außerhalb der Banken sind eigentlich verboten; darüber wacht die staatliche Finanzaufsicht. Da sich die dubiosen Finanzfirmen jedoch gut tarnen und häufig offiziell einen anderen Geschäftszweck haben, schlüpfen sie häufig zunächst durch die weiten Maschen des Schutznetzes, das die Justiz gespannt hat. Nur eine reichliche Handvoll Firmen von einigen tausend unseriösen Unternehmen wird jährlich aus dem Verkehr gezogen. Auch deshalb kommt es immer wieder zu Prozessen, in denen geprellte Anleger ihr Geld zurückholen wollen – häufig ein aussichtsloses Unterfangen.

Anders bei Investmentfonds, die zum weißen Kapitalmarkt zählen (siehe auch S. 73 ff.), aber häufig auch durch freie Vermittler angeboten werden. Die sind gar nicht zur Entgegennahme der Einzahlungen berechtigt. Das Anlegergeld fließt direkt aufs Konto der Depotbank und ist damit selbst dem Einfluss der Fondsgesellschaft weitgehend entzogen. Freie Vermittler haben ohnehin keinen Zugriff. Bei Insolvenz der Depotbank wäre das Geld der Kunden (Zahl der Fondsanteile) als Sondervermögen vor dem Zugriff des Insolvenzverwalters geschützt.

Für die Haftung von Banken gilt: Lässt sich Falschberatung nachweisen, muss die Bank dem Kunden seinen Schaden voll ersetzen.

Wie Sie kurzfristig anlegen können

Unterschied zwischen Zins und Rendite

Rendite ist nichts anderes als die aktuelle Verzinsung – also der Ertrag, den der Anleger unterm Strich erhält – und zwar vor Steuern. Beispiel: Nennt die Bank Ihnen für einen Sparplan fünf Prozent Nominalzins, so ist der wirkliche Zins geringer. Denn erstens fangen Sie bei null an zu sparen und haben bei monatlicher Einzahlung erst am Ende des zwölften Monats soviel eingezahlt wie jemand, der gleich die gesamte Summe am 1. Januar eingezahlt hatte und so tatsächlich auf fünf Prozent Effektivzins käme. Und zweitens bessern im Laufe der Jahre Zinseszinsen den Nominalzins auf. Nur der wirkliche, effektive Jahreszins ist das Maß der Dinge, wenn Sie Geldanlagen vergleichen.

Sobald Sie Wertpapiere kaufen, die an der Börse gehandelt werden, etwa Bundesobligationen oder Bundesanleihen, bezahlt man dafür den aktuellen Kaufpreis (= Kurs), der praktisch täglich schwankt. Gerade bei Papieren mit fünf oder zehn Jahren Laufzeit weicht der Nominalzins zwischendurch sehr stark von der aktuellen Rendite ab. Am Ende der Laufzeit ist der Kurs in jedem Falle genau 100. Dazwischen geht er runter, wenn die Zinsen steigen, oder rauf, wenn die Zinsen fallen. Der Blick auf die Rendite ist also wichtiger als der flüchtige Blick auf einen noch so hohen Nominalzins. Um die Rendite, also den effektiven Jahreszins herauszubekommen, können Sie Ihre Bank anrufen und fragen. Oder bei Wertpapieren im Kursteil einer guten Tageszeitung nachschauen. Häufig sind aktuelle Kurse und Renditen von Wertpapieren inzwischen auch im Internet zu erfahren, z.B. unter www.anleihen.onvista.de.

Sicherheits-Check nach der Finanzkrise

Nach der Finanzkrise 2008, die weltweit so viele Bankpleiten brachte wie nie zuvor und auch einzelne Länder an den Rand des Bankrotts trieb, ist die Welt für Geldanleger anders als vor der Krise. Dies gilt auch für vermeintlich sichere Anlagen. Schuld daran sind vor allem die Banken selbst, die aus überzogenem Gewinnstreben riskante Anlageformen selbst in manchem Geldmarktfonds versteckt hatten und ungesicherte Kredite in zahlreiche Wertpapiere einpackten.

Einige Merkpunkte: Tagesgeld, Festgeld und Sparbuch zählen zu den Bankeinlagen, die mindestens durch die gesetzliche Einlagensicherung gedeckt sind. Welche Summe tatsächlich abgesichert ist, hängt von der Art der Bank ab (siehe S. 29 ff.). Sparkassen und Genossenschaftsbanken haben eine institutseigene Sicherung, die eine Pleite eines Mitgliedsinstituts von vornherein verhindert.

Wer Aktien oder Aktienfonds hat, ist von den Turbulenzen an den Börsen direkt betroffen. Aber nur wer tatsächlich in einer Krise bei brach liegenden Kursen verkauft, realisiert Verluste. Mit starken Nerven lässt sich eine Krise meist aussitzen, da die Kurse irgendwann wieder anziehen und traditionell alte Höchstmarken erreichen oder überspringen. Risikofreudige Anleger nutzen Abwärtsphasen sogar zum Einstieg. Das kann aber auch daneben gehen.

Bei Investmentfonds gilt: Das Sondervermögen ist bei Pleite der Fondsgesellschaft oder der Depotbank geschützt. Der Preis der Fondsanteile kann allerdings fallen, wenn die Kurse der Wertpapiere im Fondsportfolio fallen. Das ist zum Beispiel bei Aktienfonds der Fall, aber auch bei Rentenfonds, die so genannte ABS-Papiere kaufen, hinter denen zum Teil faule Immobilienkredite stecken oder in denen andere Forderungen verbrieft sind.

Einlagen bei deutschen Bausparkassen sind in unbegrenzter Höhe durch Einlagensicherungen geschützt, je nach Rechtsform bei den Sparkassen, Genossenschafts- oder Privatbanken. Einige Bausparkassen bieten neben Bausparverträgen auch Tagesgeldkonten, Festgeld und Sparbriefe an. Solche „sonstigen Einlagen“ sind beim Bausparkassen-Einlagensicherungsfonds samt Zinsen bis zu 250.000 Euro pro Kunde abgesichert.

Wer eine fest verzinsliche Anleihe kauft, gibt dem Herausgeber einen Kredit. Wird der Herausgeber zahlungsunfähig, kann der Anleger sein Geld verlieren. Im Fall einer Bankenpleite sind Anleihen nicht vom Einlagensicherungsfonds abgedeckt. Daher sollte man nur auf Anleihen guter Schuldner setzen, die für ihre exzellente Zahlungsfähigkeit (Bonität) bekannt sind. Dagegen gelten viele Unternehmensanleihen als riskant, weil einerseits die Kurse dieser Anleihen fallen können und zudem finanziell schlecht aufgestellte Firmen auch Pleite gehen können (siehe S. 65 ff.). Eine Spezialität unter Anleihen sind Zertifikate. Der Einlagensicherungsfonds sichert diese Inhaberschuldverschreibungen nicht ab.

Zu den fest verzinslichen Wertpapieren (Anleihen) zählen auch Pfandbriefe (siehe S. 58 ff.). Bei Börsenturbulenzen können auch deren Kurse fallen. Mitunter kann es sogar passieren, dass der Handel zeitweise ausgesetzt werden muss. Pfandbriefe sind vom Prinzip aber sehr sicher, da als Sicherheiten erstklassige Hypotheken dahinter stehen – selbst dann, wenn eine Hypothekenbank Pleite gehen sollte.

Wenn schon Sparbuch, dann richtig

Das normale Sparbuch zwingt bei Abhebung größerer Beträge dazu, diese drei Monate vorher anzukündigen. Dies nennt sich verwirrend Kündigungsfrist (siehe S. 13 ff.). Belohnt wird diese Treue von den meisten Banken jedoch nicht.

ACHTUNG NOTFALLS BANK WECHSELN ACHTUNG

Vergleichen Sie die Zinsen bei verschiedenen Banken und wechseln Sie notfalls die Bank, wenn es anderswo mehr gibt. Fündig wird man vor allem bei kleinen Geldhäusern.

TABELLE HIER GIBT ES MEIST HÖHERE VERZINSUNG FÜR DAS SPARBUCH[1]

Bank	Oktober 1992 (%)	Oktober 2008 (%)
• BMW Bank	k.A.	4,40[2]
• Sparda Bank Hamburg	4,9	2,05
• NordFinanz Bank	5,6	1,75
• Bensberger Bank e.G.	5,1	1,50
• Augsburger Aktienbank	6,0	1,25

[1] ab 1.000 Euro Guthaben; [2] Online-Sparkonto

Wer bei einer dieser Banken sein Sparbuch unterhält, kann noch höhere Zinsen bekommen, wenn er mehr als 1.000 Euro anlegt. Und obendrauf gibt es häufig noch einen Bonus, wenn das Geld bis zum Jahresende nicht angetastet wird. Damit verliert man wenigstens kein Geld, wenn der Zins unterm Strich oberhalb der Inflationsrate liegt.

Zinsbewusste Anleger werden aber nach dem Vergleich der Konditionen mehrerer Geldhäuser von vornherein auf höhere Zinsen pochen. Am besten klappt dies, wenn eine längere Kündigungsfrist als die üblichen drei Monate vereinbart wird. In Hochzinsphasen sind dann bis zu 5,0 Prozent Rendite möglich. Fündig wird man zum Beispiel bei vielen Sparkassen und Sparda-Banken. Unkomplizierter und ohne jegliche Kündigungsfrist klappt die kurzfristige Geldanlage aber mit einem Tagesgeldkonto.

Mit Tagesgeldkonto mehr Zins herausholen

Sind die Zinsen am Kapitalmarkt sehr hoch, ist praktisch jede Anlage besser als das Sparbuch. Sind die Zinsen dagegen sehr niedrig, sind andere Anlagen etwa genau so schlecht wie das Sparbuch. Eigentlich sollte man immer nach Alternativen zum Sparbuch Ausschau halten, denn schlechter fährt man praktisch nie. Je nach Lage der Dinge lohnen mittel- bis langfristige Anlagen (siehe S. 53 ff. und S. 63 ff.), wenn man damit hohe Zinsen möglichst lange konservieren kann, wie etwa im Jahre 1990 zehnjährige Bundesanleihen zum Nominalzins von 9,0 Prozent. Im Zinstal dagegen lohnen kürzest- bis kurzfristige Anlagen, wie Tages- oder Festgeld zu wenigstens 3,5 Prozent Rendite, um beim Zinsanstieg auf den Geldmärkten schnell aussteigen und in höher verzinste Anlagen umschichten zu können.

Das Tagesgeldkonto hat sich zum Geheimtipp für kurzfristige Geldanlagen entwickelt. Seit 1994 auch hierzulande Geldmarktfonds zugelassen sind, bei denen der Anlagebetrag täglich verfügbar ist, wollten die Banken den Fondsgesellschaften nicht nachstehen und schufen ab dem Jahr 2000 ein Konkurrenzprodukt – das Tagesgeldkonto. Rechtlich ist es zumeist ein Sparkonto mit täglicher Kündigungsfrist. Für den Zahlungsverkehr ist es nicht konzipiert; dafür braucht man weiterhin zusätzlich das Girokonto.

In der Niedrigzins-Phase gibt es je nach Anlagesumme 2,0 bis 4,0 Prozent Zinsen im Jahr, in der Hochzinsphase 4,0 bis 6,0 Prozent. Allerdings ist der Zins nicht länger als einen Tag garantiert – Veränderungen am Geldmarkt können unverzüglich zu höherem oder noch niedrigerem Zins führen. Das Konto gibt es selten schon ab einem Euro Anlagebetrag, mitunter ab 500 Euro Mindestanlage, häufig aber erst ab 1.500 Euro. Vorteil: Man kann jederzeit ans Geld herankommen und das Konto auch wieder auflösen (gebührenfrei). Die Verfügungsmöglichkeit ist nicht wie beim Sparbuch eingeschränkt, sondern Sie können bei Bedarf alles sofort abheben, ohne dafür mit Strafzinsen geschröpft zu werden. Oft reicht schon ein Telefonanruf oder Online-Kontakt (meist mit persönlichem Passwort und/oder persönlicher Identifikationsnummer – PIN), um das Geld vom Giro- auf das Tagesgeldkonto zu überweisen und umgekehrt.

Ein- und Auszahlungen sind kostenlos, die Kontoführung ist gebührenfrei. Auch der meist vierteljährliche Kontoauszug kostet den Anleger in der Regel kein Porto. Lediglich jeder Anruf bzw. Internet-Kontakt kostet die übliche Telefon-Gebühr.

ACHTUNG

UNBEDINGT ZINSEN VERGLEICHEN

Vor der Kontoeröffnung sollten Sie unbedingt die Zinsen bei verschiedenen Banken vergleichen. Fündig wird man vor allem bei kleinen Geldhäusern (siehe Tabelle auf S. 46), die allesamt dem Einlagensicherungsfonds angeschlossen sind und damit das Geld der Sparer nicht durch eine Pleite verspielen können. Doch auch die Großbanken haben mit der Gründung von Direktbank-Töchtern wieder attraktive Angebote für Normalverdiener.

TABELLE

HIER GIBT ES MEIST HÖHERE VERZINSUNG FÜR TAGESGELD[1]

Bank	Dezember 2008 (%)	Einlagensicherung
• GE Money Bank[2]	5,5	deutsch (bis 57,9 Mio. Euro)
• ICICI Bank	5,1	britisch + deutsch (bis 1,5 Mio. Euro)
• Norisbank	4,75	deutsch (40,4 Mio. Euro)
• 1822direkt[2]	4,5	deutsch (volle Höhe)
• Mercedes-Benz-Bank[3]	4,2	deutsch (284 Mio. Euro)
• BMW Bank[2]	4,0	deutsch (180 Mio. Euro)
• Hamburger Sparkasse[2]	4,0	deutsch (volle Höhe)
• Comdirect bank[4]	3,75	deutsch (163 Mio. Euro)
• ING-DiBa	3,5	deutsch (1,23 Mrd. Euro)

[1] ab 1.000 Euro Guthaben; [2] Online-Sparkonto; [3] bei Online-Kontoführung 4,3 % Zins; [4] häufig regional nur online

Natürlich ändern sich die Konditionen mitunter sehr schnell, insbesondere nach einer Änderung des Leitzinses durch die Europäische Zentralbank (EZB). Einen hervorragenden Marktüberblick bekommen Leser stets bei der FMH-Finanzberatung Frankfurt/Main im Internet (www.fmh.de).

Tagesgeldkonten sind sehr bequem, weil man sich nicht persönlich zur Bank bemühen muss: Das Konto kann schriftlich beantragt werden; für die praktischen Transaktionen genügen Telefon, Fax oder das Internet. Zugriff aufs Konto ist deutlich länger als zu den herkömmlichen Öffnungszeiten der Filialen möglich. „Online-Filialen" arbeiten selbstverständlich rund um die Uhr. Nachteil: Man braucht weiterhin meist sein Girokonto als Drehscheibe des persönlichen Zahlungsverkehrs.

ACHTUNG LÄNGERFRISTIGE GELDANLAGE ACHTUNG

Wenn Sie längerfristig sicher anlegen wollen, sollten Sie sich besser ein Festgeldkonto oder festverzinsliche Wertpapiere zulegen.

Nach dem gleichen Muster sind die Guthabenkonten mehrerer Kreditkartenanbieter gestrickt. Vorteil: Guthaben werden auf demselben Konto verzinst, auf dem der Kredit eingeräumt wird. Allerdings sind höhere Zinsen als der Durchschnitt oft erst ab 5.000 Euro Guthaben drin. Zudem lohnt die Anschaffung allenfalls dann, wenn die Kreditkarte preiswert zu haben ist, da die Jahresgebühr von mindestens 30 bis 50 Euro sonst die Rendite um oft 1,5 Prozentpunkte schmälert.

Mit Geldmarktfonds auch kurzfristig gewinnen

Alternativ zum Tagesgeld der Banken haben die Fondsgesellschaften eine deutlich sichere Geldanlage entwickelt – Geldmarktfonds. Diese Spezialität unter den Rentenfonds bringen im Gegensatz zu allen anderen Investmentfonds schon kurzfristig eine akzeptable Rendite. Grund: Bis zu 100 Prozent des Fondsvermögens sind in festverzinsliche Wertpapiere mit einer Restlaufzeit von höchstens einem Jahr investiert. Durch die kurze Restlaufzeit ist so gut wie kein Kursrisiko möglich. Man kann auf ein bis zwei Prozentpunkte höhere Rendite als mit Tagesgeld kommen, mitunter aber auch auf weniger (siehe Tabelle auf S. 48). Es gibt ebenfalls keine feste Laufzeit. Somit kann das Geld täglich wieder ohne Verkaufsspesen zurückgeholt werden. Weiterer Vorteil: Inzwischen bieten viele Banken institutsfremde Investmentfonds an. Zudem gibt es mehrere Fondsbanken, die ein kostenloses Depot für Kunden mit Fonds unterschiedlicher Kapitalanlagegesellschaften auf nur einer Plattform anbieten; zu ihnen gehört z.B. Fundsnetwork von Fidelity (www.fundsnetwork.de/erfolgssystem).

TABELLE GÜNSTIGE GELDMARKTFONDS (OHNE AUSGABEAUFSCHLAG)[1]

Geldmarktfonds	Rendite (%)
• Alte Leipziger Trust Euro Cash Alte Leipziger)	4,39
• DWS Rendite Optima (Deutsche Bank)	4,24
• Metzler Geldmarkt (Bankhaus Metzler)	4,14
• FT Accugeld (Frankfurt Trust)	4,12
• Deka Geldmarktplan TF (Sparkasse)	3,90
• Fidelity Euro Cash (Fidelity)	3,90
• Commerzbank Money Market (Commerzbank)	3,87
• AXA WF Euro Liquidity E (AXA)	3,54

[1] Angebot bei vielen Banken und/oder eigenes Kundendepot in Deutschland möglich (in Klammern Name der Fondsgesellschaft/Bank/Versicherung); Quelle: F&V-Fondscenter AG Berlin/Morningstar; Stand: Dezember 2008

Interessant sind Geldmarkt- und die ihnen verwandten geldmarktnahen Fonds (investieren bis 49 Prozent in Festverzinsliche mit kurzer Restlaufzeit) gerade für Leute, die wenig Geld haben, das aber professionell vermehren wollen. Nachteil: Viele Geldmarktfonds sind erst ab 5.000 Euro Anlagebetrag und mehr im Angebot. Einige Banken haben den Einstieg jedoch erleichtert (2.500 Euro Mindestanlage oder gar keine Mindestanlage mehr). In jedem Fall sind Anleger mit den ausgewiesenen Papieren gut bedient. Man verfügt über einen akzeptabel rentierlichen Geldparkplatz, kann aber zwischenzeitlich immer wieder den laufenden Finanzbedarf decken oder in rentierlichere Anlageformen umschichten.

ACHTUNG AUF GEBÜHREN SCHAUEN ACHTUNG

Ob Geldmarktfonds sich wirklich rechnen, darüber entscheiden vor allem die Gebühren. Für den kurzfristigen Bedarf kommt nur die Anlage einer größeren Summe auf einen Schlag in Betracht. Der bei Fonds sonst übliche Ausgabeaufschlag beim Kauf entfällt häufig oder ist mit 0,5 Prozent der Anlagesumme zu verschmerzen. Das kommt auch kurzfristiger Anlage entgegen. Zur langfristigen Vorsorge sind jedoch klassische Rentenfonds oder Aktienfonds besser.

Außer dem Ausgabeaufschlag fallen weitere Nebenkosten an: eine Managementgebühr (schon im Anteilspreis verrechnet) und eine Depotbankgebühr (zusammen meist 0,6 Prozent des Fondsvermögens). An der Managementgebühr kommt kein Anleger vorbei, aber man sollte diese Kosten so gering wie möglich halten. In der Tabelle auf S. 48 sind nur Geldmarktfonds mit geringen Managementgebühren berücksichtigt, damit es auf lange Sicht für Anleger nicht teurer als bei Kauf von Geldmarktfonds mit Ausgabeaufschlag wird.

Neu: Tagesanleihe des Bundes

Bundeswertpapiere erfreuen sich langjähriger Beliebtheit (siehe S. 60 ff.), obwohl der Bundesfinanzminister in den letzten Jahren bei den Zinsen mächtig geknausert hat. Seit 1. Juli 2008 ist ein neues Papier zu haben, das gerade für Kurzfrist-Sparer lukrativ ist – die Bundes-Tagesanleihe. Die kürzeste Laufzeit war bei den klassischen Festverzinslichen des Bundes ein Jahr. Nun gibt es quasi auch eine Art Tagesgeld, speziell für Privatanleger mit nur 50 Euro Mindestanlage. Sie vereint die wesentlichen Eigenschaften eines Tagesgeldkontos mit den Vorteilen eines Bundeswertpapiers. Bundeswertpapiere gehören aufgrund der exzellenten Bonität der Bundesrepublik traditionell zu den sichersten Anlageformen überhaupt. Die Tagesanleihe besitzt genau wie Bundesschatzbriefe keinerlei Kursrisiko, kann aber im Gegensatz zu dem altbekannten Produkt täglich gekauft und auch wieder verkauft werden.

Die Verzinsung orientiert sich an dem Satz, den Banken untereinander zahlen, wenn sie sich kurzfristig über Nacht Geld ausleihen (EONIA - European Over Night Index Average). Dieser Europäische Übernacht-Durchschnittsindex kann sich täglich ändern (Stand 2.12.08: 2,97 Prozent). Die Finanzagentur verzinst das Geld der Anleger mit einem Abschlag von 7,5 Prozent auf den EONIA. Das machte im Dezember 2008 etwa 2,75 Prozent Rendite im Jahr. Den aktuellen Stand können Anleger im Internet verfolgen, (z.B. www.bundesbank.de/statistik/statistik).

Günstig: Die Zinsgutschrift erfolgt von Tag zu Tag über die Erhöhung des Tagespreises der Anleihe, wobei die jeweils aufgelaufenen Zinsen immer wieder mitverzinst werden. Somit ergibt sich ein „täglicher Zinseszinseffekt“. Die Zinserträge werden also laufend börsentäglich dem Anlagebetrag zugeschlagen und am Jahresende steuerlich verrechnet. Zudem erhalten Anleger die Garantie, dass der Zins täglich dem aktuellen Marktzins angepasst wird. Bei Geschäftsbanken geht dies beileibe nicht immer so schnell.

Der Erwerb der Tagesanleihe kann per Banküberweisung erfolgen und ist daher denkbar einfacher. Voraussetzung ist nur, dass ein Schuldbuchkonto vorhanden ist (siehe Kasten). Abheben können Anleger ihr Geld an jedem Bankgeschäftstag. Gebühren fallen für Kauf, Verkauf und laufende Verwaltung (Depot) nicht an. Dies ist bei Banken keinesfalls selbstverständlich und lässt einen erfolgreichen Angriff der Tagesanleihe auch auf Geldmarktfonds erwarten, die wegen ihrer Gebühren häufig nicht mithalten können.

TABELLE SO GEHT'S ZUM GRATIS-DEPOT BEI DER BUNDES-FINANZAGENTUR

Schritt	Wichtig
• Beantragen Sie beim Kauf in einer x-beliebigen Bank die Eintragung ins Schuldbuch der Deutschen Finanzagentur	Macht Bank nur auf ausdrückliches Verlangen
• Alternative 1: Eröffnung des Kontos („Einzelschuldbuch") direkt bei Finanzagentur; Antragsformular im Internet: www.deutsche-finanzagentur.de	Ohne PC nicht möglich
• Alternative 2: Ein Einzelschuldbuch kann auch unter www.tagesanleihe.de beantragt werden.	Ohne PC nicht möglich
• Alternative 3: Anmeldeformular per Post anfordern bei: Deutsche Finanzagentur, Stichwort „Tagesanleihe", 60653 Frankfurt am Main.	Kostenlose Hotline: 0800/222 55 62

Interessant: Seit kurzem können Anleger bei der Finanzagentur Bundeswertpapiere (außer Bundesanleihen) auch online kaufen und ihre Wertpapierdepots per Internet verwalten. Das Beste an der Sache: Der Online-Service ist kostenlos. Genau wie die traditionelle Depotverwaltung und Wertpapierverwahrung auch. Für den Online-Kauf der Bundes-Tagesanleihe gilt ein Mindestbetrag: 50 Euro pro Überweisung. Der Kauf ist per Lastschriftverfahren möglich. Damit ist endlich ein unkomplizierter Weg zu einem Sparplan eröffnet – per Dauerauftrag für das Girokonto bei der Hausbank. Das Online-Konto bei der Finanzagentur erspart gegenüber Filialbanken viel Zeit und Depotgebühren von rund 30 Euro pro Jahr bei 5.000 Euro Anlagebetrag. Nachteil: Man kann bei der Finanzagentur des Bundes nur Bundeswertpapiere kaufen, jedoch keine Aktien, Fonds oder Anleihen anderer Herausgeber.

Möglichkeiten für mittelfristig orientierte Anleger

Die Grenzen zwischen kurzfristigen und längerfristigen Anlagen verschwimmen im Anleger-Alltag häufig. Das hängt vor allem mit der allgemeinen Zinsentwicklung zusammen. In bestimmten Zeiten gibt es für kurzfristige Anlagen höhere Rendite als für längerfristige. Dann steht die Normalität auf dem Kopf. Fachleute nennen das eine inverse Zinsstruktur. An dieser Stelle soll aber nur die Normalität behandelt werden: je länger der Anlagehorizont, desto höher die Verzinsung.

Festgeld – sicher und einfach

Festgeld – auch Termingeld genannt – avanciert immer mehr zur klassischen Form der vernünftigen mittelfristigen Geldanlage. Grund: Das Ersparte arbeitet dabei sicher, einfach und zu fest vereinbartem Zins. Geboten wird es zumeist für Zeiträume zwischen eins, drei, sechs, neun und zwölf Monaten, selten bis zu zwei Jahren. Höhere Zinsen als beim Tagesgeld sind spätestens ab drei Monaten Anlagedauer zu erwarten. Festgeld eignet sich damit vorzüglich für das Sparen in kurzen Zeiträumen, zum Beispiel bis zum nächsten Urlaub, für Anschaffungen, größere Feiern oder Einkäufe. Wer sein Geld auf längere Sicht, über ein Jahr hinaus anlegen möchte, ist mit festverzinslichen Wertpapieren besser bedient, weil es dafür noch höhere Zinsen gibt und man häufig schon während der Laufzeit wieder an das Ersparte herankommt – was beim Festgeld aber nicht geht: Hier kann erst wieder zum Ablauf der festen Frist über das Geld verfügt werden.

Festgeld kann man bei allen Banken anlegen. Wie der Name schon sagt, liegt das Ersparte für die gesamte, individuell vereinbarte Frist fest. Dies ist aber zu verschmerzen, wenn die Frist kurz gewählt wird (häufig nur drei Monate). Zwar gibt es für einen Monat ein paar Prozent-Bruchteile

Zinsen weniger als für drei Monate, das Doppelte gegenüber dem Sparbuch ist häufig möglich.

Dafür bekommt der Kunde vom 30-Tage-Festgeld schon nach einem Monat die Zinsen gutgeschrieben, allerdings nicht pro Monat, sondern aufs Jahr gerechnet, also den zwölften Teil vom Jahreszins. Weiterer Vorteil: Bis zwei Werktage vor Ablauf der festen Anlagedauer können Sie entscheiden, ob Sie das Geld samt Zinsen wieder benötigen. Wenn Sie sich bis dahin nicht bei der Bank gemeldet haben, wird das verzinste Geld automatisch um dieselbe Zeit verlängert, und Sie bekommen einen Kontoauszug zugeschickt. Das ist sehr bequem. Zins und Zinseszins gehen sofort ins Ersparte mit ein.

ACHTUNG

FOLGEZINS IST NICHT GARANTIERT

Die Zinsen können sich nach Ablauf der festen Anlagedauer inzwischen geändert haben. Es ist also nicht derselbe Folgezins garantiert. Wer für sechs Monate abschließt, hat sechs Monate stabile Zinsen, ab dem siebten Monat können die Zinsen dann von der Bank eigenmächtig verändert werden – gemessen an der Marktentwicklung. Man sollte kurz vorher nach dem Folgezins-Angebot fragen und gegebenenfalls bei einer Bank mit besseren Konditionen anlegen.

Einen Nachteil gibt es allerdings: Die meisten Banken bieten Festgeld erst ab 5.000 Euro Anlagesumme aufwärts, kleinere Geldhäuser mitunter ab 2.500 Euro, einzelne sogar ab 1.000 Euro oder noch weniger. Daher ist gerade für Anleger mit wenig Geld der Vergleich der Angebote verschiedener Banken erste Bürgerpflicht. In der Regel bieten kleinere Geldhäuser höhere Zinsen als die großen Banken:

TABELLE HIER GIBT ES MEIST HOHE VERZINSUNG FÜR FESTGELD[1]

Bank	Dezember 2008 (%)	Einlagensicherung
• Mercedes-Benz-Bank[2]	5,0	deutsch (284 Mio. Euro)
• BMW Bank[3]	5,0	deutsch (180 Mio. Euro)
• NordFinanz Bank	4,65	deutsch (3,9 Mio. Euro)
• Volkswagen Bank	4,6	deutsch (1,0 Mrd. Euro)
• Fortis Finanz[2]	4,5	deutsch (27,1 Mio. Euro)
• Von Essen Bank	4,5	deutsch (38,7 Mio. Euro)
• 1822direkt[3]	3,75	deutsch (volle Höhe)
• Augsburger Aktien-bank[2]	3,75	deutsch (14 Mio. Euro)

[1] 5.000 Euro Anlagebetrag für 9 Monate; [2] ab 2.500 Euro;
[3] Online-Kontoführung

Natürlich ändern sich die Konditionen mitunter sehr schnell, insbesondere nach einer Änderung des Leitzinses durch die Europäische Zentralbank (EZB). Einen hervorragenden Marktüberblick bekommen Leser stets bei der FMH-Finanzberatung Frankfurt/Main im Internet (www.fmh.de).

ACHTUNG AUF TAGESGELDKONTO VORSPAREN

Wer die geforderte Mindestanlage noch nicht zusammen hat, sollte auf dem Tagesgeldkonto vorsparen (siehe S. 44 ff.).

Im Spitzenbereich der höchsten Zinsen taucht auch häufig die Parex Bank mit Hauptsitz in Riga (Lettland) auf. Sie besitzt eine deutsche Zweigniederlassung, aber keine deutsche Banklizenz. Folge: Die Absicherung der Kunden ist für den Fall der Insolvenz zwar besser als die der Kunden der isländischen Kaupthing Bank, hätte aber einige Nachteile im Vergleich zu deutschen Banken: Im Falle der Insolvenz müsste zunächst die lettische Aufsicht eingreifen. Das heißt: Die Einlagen sind bis einer Höhe von 50.000 Euro durch die lettische Einlegersicherungseinrichtung geschützt. Dorthin müssten sich auch die deutschen Anleger wenden. Für Beträge darüber hinaus wäre dann der Einlagensicherungsfonds der deutschen Privatbanken zuständig – bis zu 1,5 Millionen Euro je Kunde.

Sparbrief – sicher, aber längerfristig

Bei einer Anlagedauer von einem Jahr ist das Festgeld nahezu unschlagbar. Mittelfristig, also ab zwei Jahren Spardauer aufwärts, gibt es mehrere lukrative und sichere Anlagen, von denen leider nicht alle zwischenzeitlich wieder verfügbar gemacht werden können. Das Mauerblümchen schlechthin ist der Sparbrief, dessen Glanz bestenfalls in Zeiten hoher Zinsen erstrahlt. Auch hier liegt das Ersparte erst mal fest, nur viel länger als beim Festgeld: in der Regel zwei bis sechs Jahre. Dafür gibt es aber meist auch meist 0,5 bis 1,5 Prozentpunkte mehr Zinsen als beim Festgeld.

Bei einigen Banken ist der Kunde schon ab 500 Euro Mindestanlage dabei, bei anderen erst ab 5.000 Euro. Für die Laufzeit ist der vereinbarte Zins garantiert. Clevere Sparer kaufen Sparbriefe auf dem Zinshöhepunkt und sichern sich so Spitzenzinsen für schlechte Zeiten. Einziger Wermutstropfen: Das Geld liegt für die gesamte Laufzeit unerschütterlich fest, man braucht für Notfälle andere Finanz-Reserven, kann den Sparbrief höchstens beleihen wie ein Grundstück. Daher auch die Zurückhaltung mancher Anleger, die mit ihrem Geld hart rechnen müssen.

Wer Sparbriefe kauft, sollte sich von der Bank ein kostenloses Konto einrichten lassen. Alternativ könnte man sich den Sparbrief auch als Urkunde ausdrucken lassen und mit nach Hause nehmen. Aber Vorsicht: Sparbriefe sind für Diebe so gut wie bares Geld. Bei der Bank sind sie besser aufgehoben und werden auch gratis verwahrt. Im Schnitt zahlen die Banken zwischen 3,5 Prozent (Laufzeit ein Jahr) und 6,5 Prozent (Laufzeit zehn

Jahre) Zinsen pro Jahr. Je mehr Geld und je länger Sie anlegen, desto höhere Zinsen lassen sich beim Sparbrief erzielen:

TABELLE HIER GIBT ES MEIST HOHE VERZINSUNG FÜR SPARBRIEFE[1]

Bank	Dezember 2008 (%)	Einlagensicherung
• Santander Consumer Bank	5,25	deutsch (329 Mio. Euro)
• BKM Bausparkasse Mainz	5,1	deutsch (250.000 Euro)
• Mercedes-Benz-Bank[2]	5,0	deutsch (284 Mio. Euro)
• SKG Bank[2]	4,85	deutsch (volle Höhe)
• BMW Bank[2]	4,6	deutsch (180 Mio. Euro)
• NordFinanz Bank	4,6	deutsch (3,9 Mio. Euro)
• Volkswagen Bank	4,5	deutsch (1,0 Mrd. Euro)
• Postbank	4,15	deutsch (1,2 Mrd. Euro)

[1] 5.000 Euro Anlagebetrag für 3 Jahre
[2] Online-Kontoführung

Die Konditionen können sich mitunter sehr schnell ändern, insbesondere nach einer Änderung des Leitzinses durch die Europäische Zentralbank (EZB). Einen hervorragenden Marktüberblick bekommen Leser stets bei der FMH-Finanzberatung Frankfurt/Main im Internet (www.fmh.de).

Es gibt übrigens bei Sparbriefen zwei Sorten, die sich vom Zeitpunkt unterscheiden, wann die Zinsen gutgeschrieben werden:

- Variante 1: Man zahlt den aufgedruckten Preis (Nennwert) und kassiert jedes Jahr regelmäßig Zinsen. Am Ende der Laufzeit gibt es den eingezahlten Beitrag zurück.

- Variante 2: Man zahlt nicht den aufgedruckten Preis (Nennwert), sondern die vorher fest vereinbarten Zinsen werden gleich vom Kaufpreis abgezogen. Dann gelten erst am Ende der gesamten Laufzeit die Zinsen aller Jahre samt Zinseszins auf einen Schlag als zugeflossen (abgezinster Sparbrief). Durch den Zinseszins-Effekt steigt die Rendite gegenüber Variante 1 noch weiter an.

Die feste Laufzeit lässt dem Anleger bei Sparbriefen keine Chance, zwischenzeitlich über den Betrag zu verfügen. Wer Anfang 2009 für fünf Jahre Laufzeit unterschreibt, kommt auch erst im Anfang 2014 an sein Geld. Nur in persönlicher Not darf der Sparbrief beliehen werden. Das kostet jedoch mindestens zwei Prozentpunkte mehr an Zins, als der Sparbrief Guthabenzinsen einbringt; damit ist es ein Zuschussgeschäft für den Anleger.

ACHTUNG FESTVERZINSLICHE WERTPAPIERE ACHTUNG

Wer bei gleicher Laufzeit noch mehr Zinsen als mit Sparbriefen kassieren möchte, sollte sich für festverzinsliche Wertpapiere interessieren. Die bringen häufig 0,5 bis 1,0 Prozentpunkte mehr Rendite. Weiterer Vorteil: Bei Bedarf können sie schon während der Laufzeit wieder zu Bargeld gemacht werden, sofern sie an der Börse gehandelt werden. Beispiel: der Pfandbrief.

Pfandbrief – sicher und schnell verfügbar

Es gibt eine ganze Palette von Festverzinslichen, die von den Banken selbst herausgegeben werden. Es gibt sie ab 50 Euro aufwärts gebührenfrei zu kaufen. Sie sind absolut sicher, haben festen Zins und feste Laufzeit, sind bei Bedarf aber meist schnell verfügbar, da sie zumeist an der Börse gehandelt werden. Die Papiere sind unter verschiedenen Bezeichnungen im Angebot, meinen jedoch dasselbe: Bankschuldverschreibungen, Sparschuldverschreibungen, Kassenobligationen oder Inhaberschuldverschreibungen. Sie sind sicher, solange die Bank nicht insolvent wird. Denn für diese Bankpapiere gilt nicht die Einlagensicherung. Lediglich für Pfandbriefe, das Juwel unter den Bankanleihen, gelten Besonderheiten, die den Anleger besser schützen.

Beim Pfandbrief haftet die Bank im Gegensatz zu sonstigen Bankanleihen nicht mit ihrem eigenen Vermögen, sondern mit Immobilien anderer Leute. Daher werden Pfandbriefe insbesondere von Hypothekenbanken herausgegeben. Mit dem Verkauf von Pfandbriefen an Anleger beschaffen sich die Hypothekenbanken Geld, das sie ihrerseits an Hausfinanzierer verleihen. Für diese Kredite müssen die Betroffenen der Hypothekenbank Grundstücke und Immobilien als Sicherheit verpfänden. Diese Grundschuld wird auch ins Grundbuch eingetragen. Für den Anleger heißt das: Sein Geld ist durch Grund und Boden abgesichert – das beste Pfand, was überhaupt denkbar ist – sofern es sich nicht um minderwertige Immobilien wie in den USA handelt, die mit als Auslöser für die Finanzmarktkrise galten. Zu beachten sind fünf Besonderheiten bei Pfandbriefen, die 25 Prozent aller deutschen Schuldverschreibungen ausmachen:

- Besonderheit Nr. 1: Hypothekenbanken sind Spezialbanken, die meist nur Immobilien beleihen, der öffentlichen Hand Kredit gewähren oder Schiffe finanzieren, künftig wohl auch Flugzeuge. Zur Refinanzierung werden Pfandbriefe ausgegeben, oftmals aber nicht direkt an Privatanleger verkauft, sondern bei den „normalen" Geschäftsbanken platziert. Die verkaufen dann an Privatanleger. Gehen Sie am besten gleich zur Hausbank.

- Besonderheit Nr. 2: Pfandbriefe bringen wegen ihrer extremen Sicherheit rund 0,5 Prozentpunkte höhere Zinsen als alle anderen deutschen Festverzinslichen. Manche Hypothekenbanken bieten nur effektive Stücke an (Tafelgeschäft). Solche Angebote sollten Sie ausschlagen, weil Sie sich sonst selbst um die sichere Verwahrung der Urkunde kümmern müssten.

- Besonderheit Nr. 3: Die Zinsen sind für Pfandbriefe gleicher Laufzeit fast überall gleich. Der Anleger kann also keine Niete ziehen, sondern sich auf seine individuelle Wunsch-Laufzeit konzentrieren. Leider ist es praktisch unmöglich, sich am Markt zu orientieren. Die Angebote im Börsenteil der Zeitungen sind bestenfalls für den Handel unter

Banken von Interesse. Alle mit "G" (wie Geld) ausgewiesenen Titel gibt es überhaupt nicht für den Anleger zu kaufen.

- Besonderheit Nr. 4: Die meisten Banken bieten frisch aufgelegte Pfandbriefe an, ohne dabei Verkaufsspesen zu berechnen. Leider sind die Angebote schnell veränderbar, im Bankenjargon „freibleibend" genannt. Wer sich für einen speziellen Pfandbrief entschieden hat, muss also schleunigst ordern.
- Besonderheit Nr. 5: Den meisten Hypothekenbanken fehlt eine allgemeine Depotlizenz. Einige führen dennoch Ihren Kunden das Depot und kassieren dafür mindestens ein Tausendstel der Anlagesumme.

Neue Hypothekenpfandbriefe mit vier Jahren Laufzeit bringen in Hochzins-Zeiten bis 9,0 Prozent Rendite im Jahr, in Niedrigzinsphasen die Hälfte. Am einfachsten holen Sie zwei bis drei Angebote von Kreditinstituten ein. Beim Kauf lassen Sie den Pfandbrief ins Bankdepot legen, am besten als Girosammelverwahrung. Die kommt deutlich billiger als eine Sonderverwahrung auf den Namen des Kunden.

Die Konditionen ändern sich spätestens drei Monate nach der Auflage: Dann kommt der Pfandbrief an die Börse und ist stets zum aktuellen Tageskurs zu bekommen. Hinzu kommen Kaufgebühren von 0,5 bis 1,0 Prozent der Anlagesumme.

Festverzinsliche vom Staat – sicher, kurz- oder längerfristig

Unter den Festverzinslichen sind Bundeswertpapiere besonders empfehlenswert, weil absolut sicher. Und: Mit dieser Anlage kann man überhaupt nichts falsch machen. Dazu gehören neben der kurzfristigen Bundes-Tagesanleihe auch die längerfristigen Finanzierungsschätze des Bundes, Bundesobligationen, Bundesschatzbriefe und Bundesanleihen. Sie haben bis auf Finanzierungsschätze sehr geringe Mindestanlagesummen und kommen so für jedermann als Geldanlage in Betracht. Man kriegt sie bei jeder Bank zu absolut identischen Bedingungen und gebührenfrei zu kaufen. Je nach Zinssituation am Rentenmarkt gibt es folgende Renditen:

TABELLE RENDITEN FÜR LÄNGERFRISTIGE BUNDESWERTPAPIERE (IN %)

Anlageform	Rendite Oktober 1992	Rendite Dezember 2008
• 1jährige Finanzierungsschätze	8,40	1,85
• 2jährige Finanzierungsschätze	8,30	2,00
• 5jährige Bundesobligationen	7,65	3,90
• 6jährige Bundesschatzbriefe	7,90	2,75
• 7jährige Bundesschatzbriefe	8,05	2,96
• 10jährige Bundesanleihe	7,25	3,30

Wichtig: In jedem Fall ist der Zins, der am Kauftag gilt, auch für die gesamte Laufzeit sicher. Lediglich bei Bundesobligationen gibt es eine Besonderheit: Es werden in regelmäßigen Abständen neue Serien aufgelegt. Ist der Löwenanteil der Auflage verkauft, geht die Obligation an die Börse. Dann dürfen Banken und Sparkassen vom Kunden, der erst zu diesem Zeitpunkt kauft, Provision und Maklergebühr verlangen, genau 0,5 bis 1,0 Prozent der angelegten Summe. Bundesanleihen werden sofort an der Börse eingeführt und kosten die genannten Kaufspesen.

Übrigens: Der vorzeitige Verkauf von Obligationen und Bundesanleihen ist über die Bank täglich möglich und kostet rund 0,5 Prozent der Anlagesumme als Spesen. Außerdem können Sie u. U. dabei durch sinkende Kurse Geld verlieren, denn die Papiere werden vor Ende der Laufzeit nur zum aktuellen Tageskurs zurückgenommen, der durchaus unter Ihrem Kaufkurs liegen kann.

Faustregel bei Bundeswertpapieren: Möglichst bei der Finanzagentur kaufen, dort deponieren und am besten die volle Laufzeit durchhalten. Interessant: Anleger können dort Bundeswertpapiere (außer Bundesanleihen) auch online kaufen und ihre Wertpapierdepots per Internet verwalten. Das

Beste an der Sache: Der Online-Service ist kostenlos. Genau wie die traditionelle Depotverwaltung und Wertpapierverwahrung auch. Für den Online-Kauf der Staatspapiere gelten Mindestbeträge: 52 Euro (Bundesschatzbriefe), 110 Euro (Bundesobligationen) und 500 Euro (Finanzierungsschätze). Den Antrag fürs Online-Konto gibt auch online (www.deutsche-finanzagentur.de). Sparpotenzial gegenüber Filialbanken: viel Zeit und Depotgebühren von rund 30 Euro pro Jahr bei 5.000 Euro Anlagebetrag.

Der Online-Kauf ist per Lastschriftverfahren möglich und eröffnet damit einen unkomplizierten Weg zu einem Sparplan mit Bundesschatzbriefen. Bundesschatzbriefe sind traditionell der Absatzrenner, weil sie eine allmählich steigende Verzinsung bieten – bei Typ B sogar eine Ansammlung des Zinses über sieben Jahre und damit ein Zinseszinseffekt. Zugleich haben Anleger das Recht, die Schätzchen schon nach Ablauf eines Jahres ohne Kursrisiko zu verkaufen oder gegen bessere Bundesschätzchen zu tauschen, falls die Zinsen inzwischen gestiegen sind. Wenn nicht, lohnt sich der vorzeitige Tausch natürlich nicht.

ACHTUNG AKTUELLE KONDITIONEN FÜR BUNDESWERTPAPIERE ACHTUNG

Aktuelle Konditionen für Bundeswertpapiere gibt es bei der Finanzagentur (kostenloser Ansagedienst: 0800/ 222 55 60 bzw. im Internet) oder beim Informationsdienst für Bundeswertpapiere (kostenlose Nummer 0800/ 222 5510).

Neben den festverzinslichen Wertpapieren des Staates gibt es weitere Festverzinsliche, die auch langfristig gute Rendite bringen.

Langfristig gut: Andere festverzinsliche Wertpapiere

Neben Festverzinslichen des Bundes und den Edel-Festverzinslichen der Banken (Pfandbrief) gibt es eine Reihe weiterer festverzinslicher Papiere im Angebot, die trotz unterschiedlicher Bezeichnungen dasselbe meinen: Schuldverschreibungen, Sparschuldverschreibungen, Kassenobligationen oder Inhaberschuldverschreibungen. Der Unterschied im Einzelnen: Der Herausgeber, auch Emittent genannt, kann sich in seinem Willen und seiner Fähigkeit, das Geld zum festgelegten Zeitpunkt auch tatsächlich zurückzuzahlen, erheblich unterscheiden. Diese Qualität zur pünktlichen Rückzahlung nennen Finanzexperten Bonität. Rating-Agenturen messen die Bonität für unterschiedlichste Firmen, Kommunen, ja sogar Staaten.

Risiko Bonität bei Festverzinslichen

Die Ermittlung der Bonität ist für Anleger enorm wichtig. Denn 1991 wurde das staatliche Genehmigungsverfahren zur Ausgabe von Schuldverschreibungen abgeschafft. Seither darf im Prinzip jede noch so kleine x-beliebige Firma festverzinsliche Wertpapiere auflegen, drucken und ausgeben, vermehrt vor allem über das Internet. Eine Bäckerei könnte theoretisch Urkunden über den Ladentisch verkaufen, die jeder Kunde erhält, der dem Bäckermeister den geforderten Gegenwert bezahlt – zum Beispiel 1.000 Euro, rückzahlbar in drei Jahren und jährlich vergütet mit 21 Prozent Zinsen. Niemand könnte dem Bäcker einen Strick daraus drehen, dass er außer Brötchen noch an einem Vermögen backt, wenn er in einem entsprechenden Verkaufsprospekt Chancen und Risiken der Bäcker-Anlage ordentlich beschreibt. Solange er die Zinsen pünktlich zahlt, wird sich ohnehin keiner beschweren. Und sollte er eines Tages schließlich genug Geld beieinander haben und seinen Aufenthaltsort womöglich einige Tausend Kilometer weiter weg verlagern, hat er immer noch niemanden betrogen, sondern könnte sagen, die Geschäftsidee habe eben nicht funktioniert. Der

Gesetzgeber hat sich gegenüber potenziellen Betrügern selbst die Hände gebunden:

TABELLE STAATLICHE KONTROLLE BEI INHABERSCHULDVERSCHREIBUNGEN

Maßnahme/Problem	Lücke
• Aufsichtsrechtliche Überprüfung der Anlageangebote, ob es sich um Bankgeschäfte handelt	nur für Bankgeschäfte ist Erlaubnis nötig
• Inhaberschuldverschreibungen auszugeben ist kein Bankgeschäft	unterliegt nicht der Bankaufsicht
• BaFin ist Hinterlegungsstelle für Verkaufsprospekte von öffentlich angebotenen Wertpapieren, die nicht an einer Börse notiert sind	wenn Prospekt hinterlegt wird, ist formal alles in Ordnung (auch wenn Inhalt anrüchig ist)
• Prospekt muss spätestens drei Tage vor Verkaufsbeginn in überregionalen Pflichtblättern veröffentlicht und bei BaFin hinterlegt werden	bei Versäumen der Frist wird Bußgeld fällig; bei Privatanlegern ist immer Verkaufsprospekt nötig
• Prüfung der Prospekte auf Vollständigkeit, Verständlichkeit und Widerspruchsfreiheit durch BaFin	keine Ermächtigung zur Qualitätskontrolle und damit auch nicht zum Verbot

Mit anderen Worten: Wer es geschickt anstellt, kann wie besagter Bäckermeister Anleihen ausgeben und Geld fremder Leute einsammeln, falls die es ihm geben. Er darf im Verkaufsprospekt auch den Himmel auf Erden versprechen – den Inhalt prüft niemand auf letzte Plausibilität und Wahrheit nach. Allerdings könnte der Bäcker hinterher für falsche Versprechen haftbar gemacht werden. Daher tut der Prospektschreiber gut daran, bescheiden zu bleiben und somit straffrei auszugehen. Im schlimmsten Fall müssten die Anleger ihr Geld dann trotzdem in den Wind schreiben.

Der Gesetzgeber hat sich noch immer nicht zu inhaltlicher Kontrolle der Verkaufsprospekte durchgerungen. Damit bleiben für Anleger erhebliche Risiken, obwohl die Anlageform Festverzinsliche eigentlich die totale Sicherheit verspricht und Anleger aus praktischer Erfahrung mit ihrer Bank wissen, dass bei festverzinslichen Papieren in aller Regel nichts anbrennen kann. Tatsächlich können jedoch dubiose Firmen diesen Vertrauensvorschuss missbrauchen und diese Anlageform für sich nutzen, ohne die erforderliche finanziell Sicherheit zu bieten, sondern bestenfalls vorzutäuschen, weil sie kaum nennenswerte Substanz besitzen. Dabei wird nicht selten auch hohe Bonität der Gesellschafter versprochen. Letztlich kann nur ein Bonitäts-Rating Aufschluss über den Wahrheitsgehalt solcher Versprechen geben.

Solche Ratingverfahren sind im Wertpapierbereich seit Jahrzehnten international üblich. Faustregel: Je höher das Rating der Firma, desto sicherer das Geld des Anlegers. Wertpapiere niedriger Bonität sollte jeder Ableger meiden, denn die erhöhten Zinsversrechen werden im schlimmsten Fall mit dem Totalverlust der Einlage bezahlt. Firmen bester Bonität bieten stets niedrigere Zinsen als die Firmen mit schlechter Bonität. Die Qualität von Unternehmen wird von Rating-Agenturen wie Standard & Poor's (von sehr gutem AAA bis zum schlechtesten DDD) oder Moody's (von sehr gutem Aaa bis zum schlechtesten C3) bewertet, vor allem die Bonität.

Papiere von Unternehmen

Schuldverschreibungen von großen deutschen Unternehmen sind fast so gut wie Bankanleihen (siehe S. 66 f.) zu bewerten. Einziger Unterschied: Für die Sicherheit des Papiers steht die Firma mit ihrem Vermögen gerade. Hier könnte ein Risiko besonders in schlechten Wirtschaftszeiten vermutet werden. Das ist zumindest bei den an der Börse notierten Unternehmensanleihen nicht der Fall. Es bleibt immer einer Bank vorbehalten, die Anleihe an die Börse zu bringen, und die wird sich vorher das Unternehmen genau ansehen. Schließlich will die Bank dabei auch gewinnen. So wundert es nicht, dass Papiere ausschließlich von renommierten deutschen

Unternehmen auf dem börsennotierten Anleihemarkt sind, darunter BASF, Hornbach, Metro oder TUI.

Weiterer Unterschied zu Bankanleihen: Die Mindestanlage ist höher, beträgt meist 500 Euro. Man kann sie bei jeder Bank kaufen, bezahlt jedoch immer Gebühren: beim Kauf (0,5 Prozent der Anlagesumme), fürs Deponieren in der Bank (0,125 Prozent der Anlagesumme jährlich), beim vorzeitigen Verkauf (nochmals 0,5 Prozent der Anlagesumme). Schon deshalb lohnen Unternehmensanleihen im Regelfall nur, wenn man die volle Laufzeit durchhält.

Nicht zu verwechseln mit Unternehmensanleihen sind Genussscheine deutscher Firmen. Die bringen keine Zinsen, sondern sichern dem Anleger lediglich Anspruch auf einen Teil des jährlichen Firmengewinns (Gewinnbeteiligung). In mageren Jahren fließt wenig, oft sogar überhaupt kein Geld, in fetten Jahren um so mehr. Bei diesem Zwischending von festverzinslichem Wertpapier und Aktie ist eine feste, jährliche Rendite für den Anleger meist nicht garantiert. Auch im Falle der Insolvenz haben Anleger das Nachsehen: Die Rückzahlung der Anlagesumme in Genussscheinen wird gegenüber Forderungen anderer Gläubiger als nachrangig behandelt. Im Klartext. Erst bekommen die anderen Gläubiger ihr Geld, und erst dann die Genussschein-Anleger. Daher gilt für Normalverbraucher, die auf Vermögenszuwachs angewiesen sind: Hände weg! Günstig sind allenfalls Genussscheine mit fester, garantierter Ausschüttung pro Jahr. Die gibt es jedoch nur sehr selten. Fragen Sie Ihren Bankberater.

Papiere von Banken

Diese festverzinslichen Wertpapiere werden von den Banken selbst herausgegeben. Sie sind in aller Regel sehr sicher, weil die Banken mit ihrem Vermögen dafür haften. Die weltweite Finanzmarktkrise 2007/2008 hat jedoch gezeigt, dass Banken nicht automatisch vor Insolvenzen gefeit sind (siehe S. 29 ff.). Die Papiere sind unter verschiedenen Bezeichnungen im Angebot, meinen aber dasselbe: Bankschuldverschreibungen, Sparschuldverschreibungen oder Inhaberschuldverschreibungen. Lediglich Pfandbriefe haben einige Besonderheiten und sind besonders sicher (siehe S. 58 ff.).

Bankanleihen werden von Banken, Sparkassen und der Postbank herausgegeben; es gibt sie ab 50 Euro aufwärts gebührenfrei zu kaufen. Sie sind sehr sicher, haben festen Zins und feste Laufzeit, sind bei Bedarf schnell verfügbar. Einschränkung bei der Sicherheit: Inhaberschuldverschreibungen von Privatbanken sind im Gegensatz zu Schuldverschreibungen von Sparkassen und Volksbanken nicht durch die Einlagensicherung im Pleitefall der Privatbank abgesichert. Pech hatten demnach die Käufer von Zertifikaten des Lehman Brothers Bankhauses in Frankfurt/Main, das Ende Oktober 2008 in die Zahlungsunfähigkeit rutschte: Die Kunden verloren ihr Geld vollständig, da Zertifikate zu den Inhaberschuldverschreibungen zählen, die nicht von der Einlagensicherung gedeckt sind.

Bankanleihen sind für Rendite-Jäger in der Regel lukrativ, werden jedoch nicht ewig zu den Startkonditionen angeboten. Spätestens drei Monate nach der Auflage gehen sie an die Börse und sind dann nur noch zum aktuellen Tageskurs zu bekommen, kosten dann zudem Kaufgebühren von 0,5 bis 1,0 Prozent. Das Angebot wechselt also ständig, neue Serien und Reihen lösen ihre Vorgänger ab. Eines bleiben jedoch: die Depotgebühren. Wer eine Anleihe seiner Hausbank kauft und dort verwalten lässt, kommt oft um die Gebühr herum. Will man jedoch eine fremde Anleihe bei seiner Bank kaufen, so besorgt diese das Papier, kassiert aber fortan fürs Deponieren eine Gebühr (meist 0,125 Prozent der Anlagesumme im Jahr).

Alle, die öfter mal ein neues Wertpapier kaufen, sollten sich eine kostengünstige Depotbank aussuchen und nicht jedes neue Wertpapier bei der Herausgeber-Bank verwalten lassen. Sonst haben Sie schnell mehrere Depots bei mehreren Banken, was im Laufe der Zeit ins Geld geht. Besser Sie eröffnen nur ein Depotkonto und bauen ein Vertrauensverhältnis mit einem Anlageberater auf. Der durchforstet in Ihrem Auftrag dann regelmäßig den Markt, benennt Ihnen lukrative Angebote einschließlich der Rendite nach Abzug eventueller Kosten. Dies geht auch telefonisch und hat noch einen weiteren Vorteil. Banken haben untereinander hin und wieder „Sonderangebote", um sich gegenseitig ins Geschäft zu bringen. Diese Schnäppchen werden aber leider keinem Privatkunden am Schalter angeboten. Auch deshalb lohnt auf lange Sicht ein guter Geldanlageberater.

Papiere von Gemeinden und Bundesländern

Gemeint sind Schuldverschreibungen, Obligationen und öffentliche Pfandbriefe; letztere wurden früher auch als Kommunalobligationen bezeichnet. Für diese festverzinslichen Papiere gilt dasselbe wie für Bundeswertpapiere (siehe S. 60 ff.): absolut sicher, fester Zins, feste Laufzeit, schnelle Verfügbarkeit bei Bedarf. Einziger Unterschied: Der Anleger gibt sein Geld nicht dem Staat, sondern einem Bundesland, einer Stadt oder Gemeinde, die jeweils mit ihrem Vermögen dafür bürgen. Noch etwas härter sind die Sicherheitsanforderungen bei Pfandbriefen (siehe S. 58 ff.).

Wer sich für festverzinsliche Papiere von Gemeinden oder Bundesländern entscheidet, hat nicht nur eine gute Geldanlage, sondern dient überdies einem guten Zweck. Das Ersparte kommt nämlich öffentlichen Investitionen in der eigenen Kommune zugute. Mit ihm werden zum Beispiel Wohnungen, Straßen, Einkaufszentren gebaut. Freilich haben diese Exoten, die kaum noch im Angebot sind, wenig Sensationelles an sich. Landesanleihen werden von den öffentlich-rechtlichen Landesbanken (Girozentralen) aufgelegt. Das sind de facto die Mutterhäuser der Sparkassen. Es gibt die Anleihen ab 50 Euro aufwärts zu kaufen; die Laufzeit liegt meist bei zehn Jahren.

Wer sich für solche Papiere interessiert, muss sich nicht direkt an die Landesbank wenden (dort bekommt er sie in der Regel gar nicht), sondern kann sie bequem bei seiner Hausbank kaufen. Vorteil: Jeder Anlageberater ist mit seinem Bildschirm über das aktuelle bundesweite Angebot informiert; zudem müssen neue Länderanleihen überall zu absolut identischen Bedingungen angeboten werden. Nach Ansicht erfahrener Banker lohnen nur Neuemissionen.

Neuemissionen stehen allerdings nie im Börsenteil der Zeitung. An der Börse wird erst nach drei Monaten gehandelt; der Kurs kann dann auch in der Zeitung nachgelesen werden. Dann ist gebührenfreier Kauf jedoch nicht mehr möglich. Daher besser regelmäßig beim Bankberater nach neuen Kommunalpapieren fragen.

Wer vor Ende der Laufzeit an sein Erspartes will, der kann das Papier über seine Bank zum Tageskurs verkaufen. Ihm sind bis zu diesem Tag alle Zinsen in voller Höhe sicher, aber eben nicht der volle Anlagebetrag, sondern der aktuelle Tageskurs. Faustregel bei vorzeitigem Verkauf:

- Liegt der Kurs unter 100, bekommen Sie weniger als eingezahlt (Kursverlust),
- beträgt er genau 100, dann gibt es genau die eingezahlte Summe zurück,
- steht er sogar über 100, bekommen Sie neben den Zinsen sogar mehr Geld als eingezahlt (Kursgewinn).

Dieses Kursrisiko gilt wie bei allen börsennotierten festverzinslichen Wertpapieren nur beim Verkauf vor Ende der Laufzeit. Wer die volle Zeit durchhält, bekommt immer wie vereinbart 100 Prozent eingezahltes Geld zurück, außerdem natürlich zuvor die vereinbarten Zinsen.

Zu guter Letzt: Gebrauchte Papiere

Gemeint sind „gebrauchte", also an der Börse notierte festverzinsliche Wertpapiere; sie bieten trotz scheinbar niedriger Zinsen hohe Gewinne. Der Reiz kommt immer dann ins Spiel, wenn viele Leute ihre „Festverzinslichen" vor Ende der Laufzeit verkaufen – meist wegen finanzieller Engpässe – und sich damit einem Kursrisiko aussetzen, was bei voller Laufzeit gleich null wäre. So etwas passiert ständig, so dass auf dem Markt Restläufer mit unterschiedlichsten Zinsen, Laufzeiten und Kursen angeboten und auch gekauft werden – in der Hoffnung auf Kursgewinne. Die sind bei Festverzinslichen zwar im Vergleich zu Aktien gering, erhöhen aber die Rendite soweit, dass unterm Strich mehr Rendite als bei Sparbuch und Festgeld möglich ist. Faustregel: Fallen die Zinsen am Geldmarkt, dann steigen die Kurse der Festverzinslichen.

Es kann also durchaus passieren, dass ein Restläufer, der 2005 aufgelegt wurde, trotz vergleichsweise schlechter damaliger Zinsen von fünf Prozent eine gute Rendite bringt, weil der Kurs gerade unter 100 liegt. Je nach Konjunktur und Geldpolitik verändern sich Angebot und Nachfrage von börsennotierten Zinspapieren und damit auch deren Preise. In Zeiten hoher Zinsen (etwa acht Prozent) würde niemand eine ältere, mit sehr viel niedrigerem Zins ausgestattete Anleihe (etwa fünf Prozent) kaufen, wenn der Besitzer dafür den vollen Preis von 100 Prozent verlangt. Schließlich kann der Käufer zum gleichen Preis eine neu aufgelegte Anleihe mit viel höherem Zins bekommen. Der Verkäufer des Fünf-Prozenters muss folglich mit dem Preis herunter, um einen Abnehmer zu finden, also zum Beispiel einen Verkaufskurs von 95 statt 100 anbieten.

Merke: Am Ende der Laufzeit ist der Kurs in jedem Falle genau 100. Dazwischen geht er runter (wenn die Zinsen steigen) oder über 100 (wenn die Zinsen fallen).

Restläufer können börsentäglich gekauft werden. Das kostet 0,5 bis 1,0 Prozent der Anlagesumme an Gebühren. Die Verwaltung des Geldes für den Rest der Laufzeit kostet jährlich rund 0,125 Prozent der Anlagesumme an Depotkosten. Machen Sie sich einmal die Mühe, den Börsenteil Ihrer Tageszeitung zu verstehen. Schauen Sie unter „Anleihen aus Deutschland" nach. Die Mühe lohnt sich für potenzielle Käufer allerdings nur bei einem Börsenkurs von deutlich unter 100.

Die Rendite wird in der Regel nicht genannt. Sie ist unmittelbar vom Börsenkurs abhängig und lässt sich mit dem Taschenrechner selbst ermitteln:

$$\frac{\text{Nominalzins x 100}}{\text{Börsenkurs}} + \frac{\text{100 - Börsenkurs}}{\text{(Rest)-Laufzeit}}$$

NICHT ÜBERSTÜRZT KAUFEN

Einen Restläufer sollten Sie nie überstürzt kaufen, sondern immer erst die Rendite ermitteln. Haben Sie ihn gekauft und halten dann bis zum Ende der Laufzeit durch, braucht Sie das Auf und Ab der Kurse zwischendurch nicht mehr zu interessieren, weil Sie sich Ihre Rendite mit dem Kaufkurs fest gesichert haben. Restlaufzeiten über fünf Jahre sind jedoch nicht ratsam, weil in dieser Zeit erfahrungsgemäß die Zinsen wieder soweit gestiegen sind, dass man mit dem Kauf neuer Wertpapiere günstiger liegt. Bei denen kann man sich zudem die Kaufgebühr (zwischen 0,4 und 1,0 Prozent der Anlagesumme) sparen.

Und so wird es gemacht: Sie gehen zur Bank und lassen sich Angebote über festverzinsliche Restläufer machen. Das geht per Bildschirmverbindung zur Börse in Sekunden. Diese Auskunft ist für den Kunden kostenlos. Sollte Ihnen ein Angebot zusagen – die meisten Papiere gibt es bei allen Großbanken, jedes Geldhaus hat aber auch eigene Spezialitäten –, können Sie an Ort und Stelle kaufen.

Wichtig: Bei Bundeswertpapieren sofort den Eintrag ins Schuldbuch der Deutschen Finanzagentur verlangen. Wenn die Bank selbst eigene Restläufer auf dem Markt hat, kosten die meist keine Depotgebühr. Nachdem Sie das Papier bezahlt haben, bekommen Sie eine Quittung, denn die meisten Festverzinslichen werden nicht mehr als gedruckte Urkunde ausgegeben. Zum Ende der Laufzeit erhalten Sie dann Bescheid von der Bank und den Nennwert, also 100 Prozent des Geldes, aufs Konto überwiesen.

Investmentfonds: Dosiertes Risiko für Leute mit langem Atem

Bis auf die kurzfristig interessanten Geldmarktfonds (siehe S. 41 ff.) sind Investmentfonds nur für Anleger mit viel Geduld und Zeit.

Was Fonds sind und wie sie sich von Risikopapieren unterscheiden

Investmentfonds sind als mittel- und langfristige Anlagen für die Altersvorsorge optimal. Die Fondsgesellschaft – auch Kapitalanlagegesellschaft genannt – bildet aus zahlreichen ausgewählten Wertpapieren oder Immobilien einen Fonds, wobei mindestens 90 Prozent der Wertpapiere, die sie für diesen „Topf" auswählt, börsennotiert sein müssen. Die Fondsgesellschaft ist verpflichtet, Anteile an jedem Börsentag zum aktuellen Anteilspreis zurückzunehmen. Es gibt also eine unbegrenzte Anlagedauer, verbunden mit der Chance auf täglichen Ausstieg.

Die Fonds-Idee ist vergleichsweise jung. 1868 wurde in Schottland die erste Investment-Gesellschaft gegründet – die „Foreign and Colonial Government Trust". Ziel dieser Gesellschaft war es, den kleinen Sparern dieselben Vorteile zu verschaffen wie den Reichen, in dem das Risiko durch Streuung der Kapitalanlage auf eine Vielzahl verschiedener Aktien vermindert wird. Nach dem Vorbild solches Investment-Trusts wurden im Jahr 1923 erstmals in Deutschland Fonds aufgelegt – durch den „Deutschen Kapitalverein". Sie überlebten die Weltwirtschaftskrise jedoch nicht. Erst 1949 wurde dann die erste richtige Fondsgesellschaft gegründet, die auch heute noch besteht – die „Allgemeine Deutsche Investment GmbH" (ADIG; heute: Cominvest). 1956 gab es dann eine regelrechte „Gründungswelle": Vier neue Gesellschaften wurden gegründet – eine Branche war geboren.

Inzwischen gelten Fonds als vergleichsweise sichere Anlage, vom Risiko des Kapitalmarktes abgesehen, das Anleger mehr oder weniger allein tragen müssen. Damit das Geld nicht irgendwo versickern kann, wacht eine Depotbank, die zwischen Fondsgesellschaft und Anleger „geschaltet" werden muss, über das Vermögen der Anleger: Sie wickelt den Kauf und Verkauf von Wertpapieren und Immobilien nach Vorgabe des Fondsmanagers ab, hält das Fondsvermögen treuhänderisch auf einem Konto (Sondervermögen), überwacht die Einhaltung der gesetzlichen Bestimmungen und berechnet den Anteilspreis. Fondsgesellschaften unterliegen der staatlichen Aufsicht durch die Bundesanstalt für Finanzdienstleistungsaufsicht (BaFin). Sie werden ebenso streng kontrolliert wie Banken und Versicherer:

TABELLE SO WERDEN ANBIETER VON INVESTMENTFONDS ABGECHECKT

Kontrollmaßnahme	Besonderheit
• Fondsgesellschaften dürfen nicht auf eigene Rechnung arbeiten, sondern müssen eine Depotbank zwischenschalten	Depotbank ist rechtlich, wirtschaftlich und personell unanhängig von der Fondsgesellschaft
• Depotbank verwahrt und verwaltet Fondsvermögen und überwacht tägliche Berechnung des Rückkaufspreises	Depotbank kontrolliert auch Zusammensetzung des Fondsvermögens nach gesetzlichen Vorgaben und den Vertragsbedingungen im Verkaufsprospekt
• Jeder Fonds darf aus Gründen der Risikostreuung höchstens zehn Prozent des Gesamtvermögens in Aktien einer einzigen Firma halten	Die größten acht Aktien dürfen zusammen höchstens 40 Prozent des Vermögens ausmachen

TABELLE SO WERDEN ANBIETER VON INVESTMENTFONDS ABGECHECKT

Kontrollmaßnahme	Besonderheit
• Die Aufsichtsbehörde BaFin überprüft alle drei Monate, ob Anlagevorschriften eingehalten worden sind.	Werden Grenzen überschritten, muss das sofort korrigiert werden. Sonst drohen das Stoppzeichen für die Ausgabe neuer Anteilscheine oder gar der Entzug der Geschäftsgeneh migung.
• Fondsgesellschaften müssen personell und funktionell strikt trennen zwischen den Bereichen Anlageentscheidung, Abwicklung, Kontrolle	gilt seit 1997 verschärft
• Absenkung des Anfangskapitals der Fondsgesellschaften von 2,5 Millionen Euro auf 300.000 Euro	
• Offenlegung aller Kosten und Gebühren, die vom Anleger zu tragen sind	Gilt seit 2004: zwingende Angabe der Gesamtkostenquote (TER)

ACHTUNG NICHT IMMER STAATLICHE KONTROLLE

Nicht alle Fonds werden kontrolliert, sondern lediglich Investmentfonds, also Aktienfonds, Rentenfonds und offene Immobilienfonds sowie Mischformen davon. Geschlossene Immobilien-, Medien-, Windkraft-, Schiffs- oder Flugzeugfonds gehören nicht dazu und werden als Produkte des „grauen" Kapitalmarktes kaum staatlich kontrolliert.

Doch zurück zu den Investmentfonds: Die Kunst liegt in der Risikostreuung. Dadurch wird zum Beispiel ein Aktienfonds deutlich weniger riskant als der direkte Kauf von Aktien einer einzigen Firma. Wer den passenden

Aktienfonds gefunden hat und nicht die Geduld verliert, kann nach zehn Jahren mit sechs bis zehn Prozent Wertzuwachs im Jahr rechnen, mitunter auch mehr. Selten auch weniger, denn eine garantierte Verzinsung wie bei festverzinslichen Wertpapieren gibt es nicht.

So finden Laien den richtigen Fonds

Normalverbraucher mit langem Atem vergeben sich ohne Investmentfonds attraktive Möglichkeiten, ihr Geld zu vermehren. Vor allem, wer keine Zeit hat, den Kapitalmarkt zu beobachten und im richtigen Moment auf Erfolg versprechende Anlageformen zu setzen, oder wer sich das nicht zutraut, für den sind Investmentfonds genau richtig. Auf lange Sicht werfen sie höheren Renditen ab als alle anderen sicheren Sparformen.

Wer seinen Fonds gefunden hat und dann nicht die Geduld verliert oder in Not gerät, kann nach zehn Jahren mit einem Wertzuwachs liebäugeln, der in aller Regel Sparbuch, Bausparkonto oder Bankensparplan um Längen schlägt. Großer Vorteil: Sie können mit einem Investmentfonds-Sparplan, der häufig schon ab 25 Euro monatliche Einzahlung geboten wird, regelmäßig und in kleinen Raten Geld zurücklegen, für das eine große Rendite-Chance bei gebremstem Risiko besteht. Haben Sie allerdings nur kurzen Atem zum Sparen, scheiden klassische Investmentfonds aus. Einzige Ausnahme: Geldmarkt- und geldmarktnahe Fonds (siehe S. 47 ff.).

Den Markt in Deutschland teilen sich rund 70 deutsche Kapitalanlagegesellschaften (KAG), zumeist Töchter von Banken und Versicherern. Hinzu kommen rund 40 ausländische KAG deutscher Prägung. Das sind Töchter deutscher KAG vorwiegend in Luxemburg oder Irland, deren Fondsmanager größere Anlagefreiheiten als in Deutschland besitzen. Man bezeichnet sie auch als unechte Auslandsfonds. Nicht zu vergessen die „echten" Auslandsfonds: Der Marktanteil der Auslandsfonds beträgt ungefähr 15 Prozent. Klar ist: Nicht jeder dieser rund 7.000 Investmentfonds ist für jeden Anleger gleichermaßen geeignet. Sie unterscheiden sich vor allem nach Risikoneigung, Anlegermentalität und sinnvoller Anlagedauer:

TABELLE WELCHER FONDS FÜR WEN GEEIGNET IST

Fondsart	Risiko	Anlegermentalität	Anlagedauer
• Aktienfonds	sehr hoch	risikobewusst; wachstumsorientiert	mittel- bis langfristig
• Rentenfonds	gering bis mittel	sicherheitsbewusst; konservativ	mittelfristig
• Mischfonds	mittel bis hoch	wachstumsorientiert; konservativ	mittel- bis langfristig
• Offene Immobilienfonds	sehr gering	sicherheitsbewusst; sehr konservativ	langfristig
• Geldmarktfonds	sehr gering	Vorsichtig; abwartend	kurzfristig
• Riester-Fonds	mittel bis hoch	sicherheitsbewusst; wachstumsorientiert	mindestens bis 60 (künftig 62)
• Garantiefonds	gering[1]	risikoscheu; sicherheitsbewusst	mittelfristig (festgelegt)
• Länder-, Branchen-, Themenfonds	hoch bis sehr hoch	risikofreudig, spekulativ; Anleger mit Börsenerfahrung	kurzfristig (Spekulation) bis langfristig
• Aktien-Indexfonds	sehr hoch	risikobewusst; wachstumsorientiert	mittel- bis langfristig
• Hedgefonds	sehr hoch	spekulativ	langfristig

[1] vorzeitiger Ausstieg kann bei schlechter Börsenlage teuer werden

Nicht jeder Fonds ist für jeden geeignet, weil unterschiedliche Mindestanlagesummen vorgegeben sind, Währungsrisiken eine Rolle spielen und anderes mehr. Deshalb ist gute Beratung das A und O, bevor Sie einen Einzahlplan für den Fonds Ihrer Wahl starten. Objektive Beratung gibt es kaum in Ihrer Hausbank. Die will zunächst nur ihre eigenen Fonds verkaufen. Keine gute Beratung erfolgt an der Wohnungstür von ambulanten Finanzberatern des grauen Kapitalmarktes (siehe S. 35 ff.).

ACHTUNG AN SERIÖSE ADRESSEN WENDEN ACHTUNG

Wer sich nicht selbst zu helfen weiß, sollte sich an eine der seriösen Adressen, die sich ausschließlich auf Fondsvermittlung spezialisiert haben, wenden (Adressen am Ende des Buches). Allerdings kann Ihnen dort auch niemand den besten Fonds nennen. Sie werden jedoch nach Ihren Wünschen, Möglichkeiten, steuerlicher Belastung durchs Einkommen, Anlagedauer und Risikobereitschaft gefragt sowie über alle Kosten aufgeklärt.

Apropos Kosten: Zu Beginn muss bei den meisten Fonds ein so genannter Ausgabeaufschlag bezahlt werden – häufig zwischen zwei und sechs Prozent der angelegten Summe. Diese Kosten werden auf lange Sicht mehr als wettgemacht, vermiesen aber Kurzfrist-Sparern die Freude an Fonds. Beim Verkauf gilt immer der etwas niedrigere Rücknahmepreis. Erträge können nach jedem Geschäftsjahr ausgezahlt oder wiederangelegt werden. Die Nichtausschüttung (Thesaurierung) erhöht den „Zinseszins". Verzinst wird im folgenden Jahr nicht nur der ursprünglich angelegte Betrag, sondern auch der wieder angelegte Gewinn des Vorjahres. Dazu gehören beispielsweise bei Aktienfonds die Dividende und Erlöse aus Bezugsrechten sowie bei Rentenfonds die Zinsen. Mit Hilfe des Zinseszinseffektes kann der Sparer selbst mit relativ kleinen Beträgen langfristig ein weitaus höheres Polster ansparen als mit einen herkömmlichen Bankensparplan oder als mit festverzinslichen Wertpapieren. Zusätzlicher Vorteil für den Anleger bei thesaurierenden Fonds: Die Wiederanlage des Gewinns erfolgt automatisch innerhalb des Fonds und damit spesenfrei für den Anleger.

Noch ein Wort zu Aktienfonds: Häufig erfolgt die Anlage fast zu 100 Prozent des Fondsvermögens in Aktien. Aktienfonds sind auf lange Sicht Spitze in der Wertentwicklung aller Fonds-Sorten. Trotz der Streuung der Anlage in mehrere Aktiengesellschaften ist das Investment riskanter als mit Anlagen zu einem festen Zins. Wenn man Fondsanteile zu einem ganz bestimmten Termin verkaufen will, zum Beispiel zu Rentenbeginn, kann es zu einer enttäuschend niedrigen Rendite kommen, wenn gerade eine Hochzinsphase herrscht.

Wer alles rund um das Portfolio mitwirkt

Die Auswahl der Firmenbeteiligungen innerhalb jedes Fonds erfolgt durch den oder die Fondsmanager. Diese Experten beobachten die internationalen Märkte und haben mehr oder weniger freie Hand, Wertpapiere verschiedenster Unternehmen einzukaufen und zu verkaufen. „Fesseln“ werden ihnen nur vom Gesetzgeber (Gesetze) und der jeweiligen Fondsgesellschaft (Anlagerichtlinien) angelegt. Im Prinzip agiert der Fondsmanager – in aller Regel Angestellter der Fondsgesellschaft – so, dass Anleger gute Erträge bei relativ hoher Sicherheit erzielen – ohne sich darum selbst kümmern zu müssen. Sie kaufen lediglich Anteile am Fondsvermögen, die jederzeit wieder veräußert werden können. Es handelt sich also um eine gemanagte Geldanlage, bei der Anleger sich nicht um die Details kümmern müssen.

Der Fondsmanager soll zwar die höchstmögliche Wertentwicklung schaffen, Performance genannt, muss sich aber dabei an die Anlagerichtlinien halten, die im Verkaufsprospekt für den Fonds festgeschrieben sind. Steht da beispielsweise, dass es sich um einen Rentenfonds handelt, der ausschließlich in festverzinsliche Wertpapiere in Euro investieren darf, kann der Fondsmanager nicht in Aktien investieren. Sollen die Anlagerichtlinien nachträglich geändert werden, muss die staatliche Aufsicht dies genehmigen. Zudem müssen alle Anleger informiert werden, die noch vor Inkrafttreten der Änderungen ihre Anteile in angemessener Frist verkaufen dürfen, dies aber nicht zwingend tun müssen.

Rund ums Portfolio wirkt auch die Depotbank mit. Sie hält die Anteile der Anleger als Treuhänder – die Fondsgesellschaft hat darauf überhaupt keinen Zugriff. Allerdings gibt die Depotbank auch Geld frei – für den Kauf und Verkauf von Wertpapieren und Immobilien nach Vorgabe des Fondsmanagers. Er gibt der Depotbank die Order, wann und wo welche Stückzahl an Wertpapieren zu welchem Preis ge- und verkauft werden soll. Die

Depotbank wickelt dann mit den Mitteln des Fonds den Kauf und Verkauf von Wertpapieren für das Fondsdepot ab und haftet für die korrekte Ausführung. Falls die Depotbank insolvent wird, bleibt das Geld der Anleger unangetastet (Sondervermögen). Die Depotbank überweist auch die jährliche Ausschüttung auf die Depotkonten der Anleger. Zudem berechnet sie an jedem Werktag den Anteilspreis des Fonds, berechnet und belastet die laufenden Kosten vom Fondsvermögen, etwa: Management- und Depotbankgebühr.

Investmentfonds brauchen nicht nur einen konkreten Namen, sondern auch eine genaue Adresse. „Zu Hause“ sind sie bei Kapitalanlagegesellschaften, wie die Fondsgesellschaften auch genannt werden. Das sind de facto Banken, auch wenn sie nicht über so viele Filialen wie klassische Banken verfügen, sondern nur über den Firmensitz. Die Gesellschaften – zumeist Töchter von Banken und Versicherungen – sind im Interesse des Anlegerschutzes verpflichtet,

- einen datierten Verkaufsprospekt auszuhändigen,
- die Vertragsbedingungen herauszugeben,
- den zuletzt veröffentlichten Rechenschaftsbericht zu übersenden (oder den Halbjahresbericht, sofern er veröffentlicht wurde).

Außerdem regelt das Gesetz über Kapitalanlagegesellschaften, in welche Werte ein Fondsmanager investieren darf, zu welchem Zweck und in welchem Umfang, bezogen auf das Fondsvolumen. Zudem bestimmt die Aufsichtsbehörde des jeweiligen Herkunftslandes darüber, welche Gesellschaften überhaupt zum Verkauf von Investmentfonds zugelassen werden.

Jeder Fonds verfolgt eine bestimmte Anlagestrategie, die im Prospekt der Fondsgesellschaft beschrieben wird. Einige Anbieter teilen ihre Fonds entsprechend in vier Risikoklassen auf. So würde ein Aktienfonds mit Papieren aus Schwellenländern der höchsten Risikoklasse 4 angehören, ein Fonds mit deutschen oder weltweiten Aktienwerten der Klasse 3, einer mit europäischen Rentenwerten der niedrigsten Risikoklasse 1.

Fonds für das breite Publikum

Grob gerechnet sind hierzulande inzwischen rund 7.000 Investmentfonds im Angebot. Die werden auch als Publikumsfonds bezeichnet, weil sie jedermann - also einem breiten Publikum - zur Geldanlage offen stehen. Wer also in Fonds-Übersichten der Tageszeitungen, im Internet oder in Wirtschaftsmagazinen nachschaut, findet dort die öffentlichen Angebote der Publikumsfonds. Inzwischen kann fast jede Anlagestrategie durch einen darauf ausgerichteten Investmentfonds verwirklicht werden. Dem Anleger wird in jedem Fall der Vorteil einer professionellen Vermögensverwaltung bei geringem Kapitaleinsatz geboten.

Das Gegenteil solcher für alle offenen Fonds sind Spezialfonds. Davon gibt es hierzulande nochmals knapp 6.000 Stück. Besonderes Merkmal: Es dürfen nicht mehr als zehn Anteilsinhaber am Fondsvermögen beteiligt sein. Spezialfonds werden zum Beispiel im Auftrag von Versicherungsgesellschaften, Unternehmen, Verbänden, Pensionskassen, berufsständischen Versorgungswerken, Kirchen oder Stiftungen aufgelegt. Nicht selten werden über Spezialfonds auch Ansprüche auf Betriebsrenten finanziert, was dann wiederum auch ganz „normalen" Arbeitnehmern zugute kommt.

In Deutschland gibt es bislang fast ausschließlich offene Investmentfonds. „Offen" bedeutet, dass die Fondsgesellschaften verpflichtet sind, jederzeit Anteile von ihren Anlegern zum aktuellen Preis zurückzunehmen. Seit 1998 sind auch geschlossene Investmentfonds zugelassen, so genannte Investment-AG's. Davon gibt es nach wie vor nur sehr wenige. Wesentlicher Unterschied zu offenen Fonds: Der Anteilspreis muss sich nicht am Nettoinventarwert orientieren, sondern wird durch Angebot und Nachfrage nach Fondsanteilen an der Börse bestimmt. Damit sind solche Investmentaktien beinahe so riskant wie klassische Aktien. Zudem können Anleger ihre Anteile nicht bei der Fondsgesellschaft zurückgeben, sondern lediglich über die Börse verkaufen. Um Irrtümern vorzubeugen: Die neueren geschlossenen Investmentfonds haben nichts mit den schon seit langem bekannten Steuersparmodellen in Form von geschlossenen Immobilien-, Medien-, Windkraft-, Schiffs- oder Flugzeugfonds zu tun. Die gehören nämlich gar nicht zu den Investmentfonds und werden als Produkte des „grauen" Kapitalmarktes auch nicht staatlich kontrolliert.

Im normalen Sprachgebrauch sind nur offene Investmentfonds gemeint. Das genügt für Privatanleger auch vollkommen. Dort wiederum sind am gebräuchlichsten: Geldmarktfonds, Rentenfonds, Aktienfonds, Mischfonds (Aktien + Renten) sowie offene Immobilienfonds.

Aktienfonds – riskant, aber lukrativ

Aktienfonds sind nicht nur für VL-Sparer interessant (siehe S. 129 ff.). Sparpläne bringen auf lange Sicht jedem Anleger hohe Renditeaussichten. Häufig sind fast 100 Prozent des Fondsvermögens in Aktien angelegt, zum Beispiel nur in Deutschland, europa- oder weltweit. Weil das so ist, spiegelt sich in Aktienfonds das jeweilige Börsenklima besonders drastisch wider; sie weisen mitunter starke Wertschwankungen aus, was die Nerven der Anleger strapazieren kann. Je länger der Anlagezeitraum ist, desto geringer sind jedoch die Risiken. Daher sind sie für die langfristige Vermögensbildung besonders gut geeignet: Langfristig wurden mit Aktienfonds bislang die deutlich höchsten Renditen aller Fonds-Arten erzielt.

ACHTUNG RISKANTES INVESTMENT ACHTUNG

Trotz der Streuung der Anlage in mehrere an der Börse notierte Aktiengesellschaften ist das Investment riskanter als mit Anlagen zu einem festen Zins. Wenn man zu einem ganz bestimmten Termin verkaufen will, kann es zu einer enttäuschend niedrigen Rendite kommen, wenn zum Beispiel gerade eine Hochzinsphase herrscht oder aber die Kapitalmärkte in einer längeren Flaute stecken. Zudem kommt es auch auf die Region und Branche an, in die investiert wird, da sich Aktien unterschiedlicher Teil-Märkte völlig anders entwickeln können (siehe Kasten).

TABELLE CHANCEN UND RISIKEN VON AKTIENFONDS VERSCHIEDENER REGIONEN

Region	Chance/ Risiko	Anlage-dauer
• Welt: Klassiker unter den Aktienfonds; investieren weltweit in Aktien – vorwiegend in Märkten wie den USA, Europa und Asien. Dadurch haben sie das breiteste Anlagespektrum.	mittel bis hoch	ab 5 Jahren aufwärts
• Regional: investieren nur in Aktien aus einer bestimmten Region, wie Nordamerika oder Pazifik. Wer kein Währungsrisiko eingehen will, kauft Fonds, die nur in Euroland-Aktien anlegen.	mittel bis sehr hoch	ab 10 Jahren aufwärts
• Länder: bieten noch weniger Auswahl als Regionalfonds. Enorme Abhängigkeit von der jeweiligen Konjunktur- und Zinsentwicklung des Landes. Gute Marktkenntnis nötig.	hoch bis sehr hoch	ab 10 Jahren aufwärts
• Emerging Markets: Spezialfall der Regionen- und Länderfonds. Investieren in den Regionen Osteuropa, Südamerika und Asien. „Emerging Markets" steht für den Aktienmarkt eines Schwellenlandes, der starke Kursschwankungen aufweisen kann.	sehr hoch	ab 10 Jahren aufwärts
• Branchen: investieren in Aktien eines speziellen Wirtschaftszweiges – etwa Pharma. Nachteil: Branchen schwanken konjunkturbedingt stark. Zudem ist es schwer, die Aussichten einer einzigen Branche einzuschätzen.	sehr hoch	ab 10 Jahren aufwärts

Die Tabelle zeigt: Je weniger die Fondsanlage gestreut wird, desto höher sind die Chancen, überdurchschnittlich viel Geld zu verdienen, aber auch die Risiken, viel Geld zu verlieren. Wegen des mit Abstand teuersten Aufgeldes unter allen Fonds-Sorten (fünf bis sechs Prozent) sind Aktienfonds allerdings nur als mittel- bis langfristige Anlage interessant. Mit der Zeit relativiert sich der teure Ausgabeaufschlag. Allerdings bieten immer mehr Direktbanken und Fondsvermittler kräftige Rabatte auf Aktienfonds von bis zu 70 Prozent.

In den vergangenen 20 Jahren brachten es die besten Aktienfonds trotz mehrerer heftiger Finanzmarktkrisen auf über sieben Prozent Rendite pro Jahr. Aus monatlich gesparten 100 Euro (= 24.000 Euro Gesamteinzahlung) wurden gut 50.000 Euro, sofern die Ausschüttungen wieder angelegt worden sind. Die Managementgebühren sind bereits abgezogen, Ausgabeaufschläge nicht, da häufig hohe Rabatte gewährt werden und eine einheitliche Vergleichsbasis kaum mehr möglich ist:

TABELLE EMPFEHLENSWERTE INTERNATIONALE AKTIENFONDS (SPARPLAN)

Fonds	Gesellschaft	Ergebnis (Euro)[1]	Rendite (%)[2]
• FFM Fonds	Frankfurt Trust	61.570	8,5
• DWS Vermögensbildungsfonds I	DWS	54.835	7,5
• GAM Star Wldwide Eq USD Ord.	GAM	49.805	6,7
• Templeton Growth A	Franklin Templeton	41.966	5,2
• UniGlobal	Union	41.376	5,0
• M&G Global Growth Euro A	M&G Group	39.482	4,6
• HWG-Fonds	Universal	34.483	3,4

• Newton Intl Growth	BNY Mellon	32.208	2,8

[1] in Euro bei monatlicher Einzahlung von 100 Euro (seit 11/1988)
[2] Nettorendite nach Managementgebühr; Ausschüttung wieder angelegt
Quelle: Morningstar Fondsanalyst/ F & V-Fondscenter; Stand: 10/2008

Mit einem guten Aktienfonds-Sparplan wird also viel geboten – obwohl die miserablen Börsenphasen 2000/2001 und 2008 schon berücksichtigt sind. Es können aber auch größere Summen auf einmal eingezahlt werden – am besten dann, wenn die Kurse gerade ganz unten sind, weil Sie sich billig einkaufen. In jedem Fall sollten Sie nur die besten Fonds in Betracht ziehen, die erfahrungsgemäß auf lange Sicht zehn Prozent Wertzuwachs im Jahr bringen.

Wichtig: Bei jedem Fondskauf sind die einmal gutgeschriebenen Anteile sicher, nicht jedoch deren Wert. Wer also bereits 20 Anteile besitzt, dem können die durch eine verschlechterte Börsenlage nicht mehr genommen werden. Allerdings kann der Wert beträchtlich schwanken – in schwierigen Börsenzeiten können gerade bei Aktienfonds aus einem Anteilspreis von 100 Euro leicht auch mal nur noch 30 Euro werden. Praktisch wirkt sich das jedoch nur aus, wenn der Anleger seine Anteile in dieser Schwäche-Periode tatsächlich verkauft, also die Verluste realisiert. Hier kann sich jedoch die Flexibilität von Fonds bezahlt machen: Wer notfalls ein bis drei Jahre über den geplanten Zeitpunkt hinaus mit dem Verkauf warten kann, hat nach zwischenzeitlicher Börsenflaute gute Aussicht auf hohe Renditen. Hier die Vor- und Nachteile von Aktienfonds auf einen Blick:

TABELLE VOR- UND NACHTEILE VON AKTIENFONDS AUF EINEN BLICK

Merkmal	Vorteil/ Nachteil
• langfristig hohe Wertsteigerungen möglich	+
• gute Eignung für langfristige Anlage und für Sparpläne (Wertschwankung wird durch regelmäßigen Kauf zum Vorteil)	+

TABELLE VOR- UND NACHTEILE VON AKTIENFONDS AUF EINEN BLICK

Merkmal	Vorteil/ Nachteil
• Sachwertanlage (durch Aktien) mit gutem Schutz vor Inflation	+
• Sparplan sichert Anteilskauf zum relativ günstigen Kurs und steigert so die Rendite (Cost-Average-Effekt)	+
• hohe Kursschwankungen möglich	–
• nicht geeignet für kurzfristige Anlagen (Börsenflaute kann Jahre dauern)	–
• Markt-Timing ist schwierig bis unmöglich daher Sparplan statt Einmalanlage favorisieren)	–

Rentenfonds – sicher, aber teuer

Diese Fonds streuen das Geld ausschließlich in festverzinsliche Wertpapiere und zählen deshalb zu den Lieblingen der Investment-Sparer. Schließlich ist das Risiko erheblich eingegrenzt, wenn der Fonds überwiegend in Euro-Staatsanleihen investiert. Die Sache hat aber drei Haken:

- Bei Rentenfonds sind zumeist drei Prozent Ausgabeaufschlag fällig, ein Kostenpunkt, der bei der Direktanlage in festverzinsliche Wertpapiere geringer ausfallen würde.

- Zudem drohen Verluste, falls zum falschen Zeitpunkt in Rentenfonds investiert wird: Im Zins-Tief, wo bekanntlich die Kurse zumeist ganz weit oben stehen, drohen sogar massive Verluste. Grund: Wenn die Zinsen zu steigen beginnen, fallen die Kurse der Wertpapiere im Fonds. Das wäre bei der Direktanlage in börsenfähige festverzinsliche Wertpapiere ebenso.

- Hohe Verluste drohen, wenn der Rentenfonds in einer Fremdährung anlegt und die dann gegenüber dem Euro Verluste macht. Zwar bestehen umgekehrt auch Chancen auf Währungsgewinne, aber das Risiko ist vergleichsweise größer. Daher Euro-Rentenfonds bevorzugen.

Bei Nicht-Staatsanleihen ist es um die Sicherheit der Schuldner nicht immer zum Besten bestellt. Um die selbst zu prüfen ist der Anleger überfordert. Da fährt er besser mit entsprechenden Rentenfonds und überlässt die Auswahl dem Fondsmanager. Solche Rentenfonds bieten außerdem gute Chancen für größere Kursgewinne.

Die besten Fonds schafften seit 1998 Jahre trotz zweier heftiger Finanzmarktkrisen über vier Prozent Rendite pro Jahr. Aus monatlich gesparten 100 Euro (= 12.000 Euro Gesamteinzahlung) wurden gut 14.000 Euro, sofern die Ausschüttungen wieder angelegt worden sind. Die Managementgebühren sind bereits abgezogen, Ausgabeaufschläge nicht, da häufig hohe Rabatte gewährt werden und eine einheitliche Vergleichsbasis kaum mehr möglich ist:

TABELLE EMPFEHLENSWERTE INTERNATIONALE RENTENFONDS (SPARPLAN)

Fonds	Gesellschaft	Ergebnis (Euro)[1]	Rendite (%)[2]
• Spängler Spar Trust	Carl Spängler	14.872	4,0
• Pioneer Inv. Eur Med Rnt A	Pioneer	14.764	3,9
• Volksbank Mündel Rent	Volksbank	14.694	3,8
• Allianz RCM Rendite Extra AT	Allianz	14.692	3,8
• OP Bond Euro L	Oppenheim	14.651	3,7
• UniEuroBond	Union	14.644	3,7
• Espa Bond Euro-Reserva A	Erste Sparinvest	14.627	3,7
• Kepler Vorsorge A	Kepler	14.598	3,6

[1] in Euro bei monatlicher Einzahlung von 100 Euro (seit 11/1998)
[2] Nettorendite nach Managementgebühr; Ausschüttung wieder angelegt

Mit einem guten Rentenfonds-Sparplan wird also relativ viel geboten. Rentenfonds sind primär langfristige Anlagen – außer der Spezialform Geldmarktfonds. Je länger die Anlagedauer, desto besser. Als günstiger Einstiegszeitraum eignet sich jedes Zinshoch. Ein Sparplan ist immer gut. Denn wer jeden Monat etwas Geld zurücklegen will, hätte mit dem direkten monatlichen Kauf von Wertpapieren zu viel Stress und würde durch die Mindestgebühren nahezu aller Banken letztlich teurer einkaufen als mit dem Fondssparplan.

Rentenfonds gehören in jedes Fonds-Depot: Da sich Aktien und Festverzinsliche meist gegenläufig entwickeln, federn Rentenfonds in schlechten Börsenzeiten das Verlustrisiko ab. Besonders geeignet sind Rentenfonds, die auf den Euro ausgerichtet sind und vorwiegend in Staatsanleihen führender Industrieländer investieren. Damit setzen Fondsmanager vor allem auf Anleihen mit hoher Bonität. Das sind Wertpapiere von Schuldnern, die das mit der Anleihe geborgte Geld sehr pünktlich zurückzahlen.

Hier noch einmal die Vor- und Nachteile von Rentenfonds auf einen Blick:

TABELLE VOR- UND NACHTEILE VON RENTENFONDS AUF EINEN BLICK

Merkmal	Vorteil/ Nachteil
• gut geeignet für mittel- und langfristige Zeiträume von 3 bis über 10 Jahre	+
• weniger schwankungsintensiv als Aktienfonds	+
• gute Depotbeimischung in schlechten Börsenzeiten	+
• Schwankungen mit der Zins-Situation bedeuten zwischenzeitlich die Gefahr von Kursverlusten	–
• nicht geeignet für kurzfristige Anlagen (Börsenflaute kann Jahre dauern)	–
• Geldwertanlage (durch Festverzinsliche) ohne Schutz vor Inflation	–

Offene Immobilienfonds – überwiegend sicher

Immobilien gehören wegen des Schutzes vor der Inflation bei Sachwerten zu den begehrtesten Anlagen überhaupt. Doch für die meisten Menschen bleibt Haus- und Grundbesitz ein Traum. Man kann jedoch durch die Hintertür zum Miteigentümer von Grundbesitz aufsteigen. Für wenig Geld kann sich jeder in einen offenen Immobilienfonds einkaufen, oft ist man schon mit 50 Euro dabei. Dabei wird das Spargeld vieler Anleger vorwiegend in gewerblich genutzte Grundstücke und Gebäude gesteckt. Der Anleger wird also indirekt Miteigentümer eines Bürohochhauses, eines Kaufhauses oder anderer Gewerbeobjekte in bevorzugter Lage – mit relativ sicheren, meist sehr ordentlichen Mieteinnahmen. Richtig gut ist dieses Geld jedoch erst angelegt, wenn es auf lange Sicht arbeiten kann, also rund zehn Jahre im Fonds belassen wird. Dann nämlich kann diese klassische Sachwertanlage so richtig ihre Vorzüge mobil machen, vornweg den kontinuierlichen, inflationsgeschützten Wertzuwachs.

Offene Immobilienfonds erfüllen am ehesten die Ansprüche des magischen Vierecks der Kapitalanlage: Sicherheit, Rentabilität, Bequemlichkeit und Verfügbarkeit. Mit Anlage- oder Aufbaukonten sowie Auszahlprogrammen ist jeder individuelle Plan machbar. Anders als beim Festgeld kann der Sparer wieder sehr schnell ans Eingemachte kommen. Die Anteile können jederzeit über die Bank oder die Investmentgesellschaft verkauft werden. Der aktuelle Rücknahmepreis steht im Wirtschaftsteil guter Tageszeitungen. Unterschieden werden offene und geschlossene Immobilienfonds. Beide legen das Fondsvermögen in Haus- und Grundbesitz in Spitzenlagen an. Die „Offenen" investieren in viele Immobilien gleichzeitig, und es werden ständig neue Anteile ausgegeben und verkauft – alles unter strengster Finanzaufsicht.

Die „Geschlossenen" dagegen, die gar nicht zu den Investmentfonds zählen, dienen meist nur zur Finanzierung einer einzigen Immobilie. Nach dem Verkauf der begrenzten Anteile wird der Fonds dichtgemacht, das Risiko für den Anleger ist unvergleichlich höher als bei den offenen Fonds, zumal die Anteile nicht einfach zurückgegeben werden können, sondern zum Teil über Jahrzehnte gehalten werden müssen. Außerdem weist die Aufsichtsbehörde jegliche Verantwortung für geschlossene Fonds weit von sich. Anleger hätten bei eventuellen Verlusten durch betrügerische Machenschaften rechtlich kaum Hilfe zu erwarten. Geschlossene Fonds eignen sich allenfalls für sehr wohlhabende Leute ab 7.000 Euro Monatsverdienst, die mit einem persönlichen Steuersatz ihres Einkommens von 40 Prozent und mehr leben müssen.

Zurück zu den offenen Immobilienfonds: Das Geld fließt zu etwa zwei Dritteln in Immobilien und der Rest in Barreserven, zum Beispiel festverzinsliche Wertpapiere. Mit dieser Barreserve ist sichergestellt, dass der Anleger jederzeit ohne Verlust aussteigen kann. Wenn jedoch zu viele Anleger auf einmal Geld abziehen – wie während der Finanzkrise 2008 –, können die Fonds in eine Liquiditätskrise geraten. Folge: Elf Fonds setzten die Rücknahme von Fondsanteilen für drei bis sechs Monate aus.

Fondsprofis raten immer zur verhältnismäßig billigeren Einmalanlage, nicht jedoch zu einem Sparplan. Ein Sparplan ist bei Rentenfonds günstiger, weil Rentenfonds deutlich weniger Ausgabeaufschlag kosten. Hintergrund: Offene Immobilienfonds sind genau so teuer wie die meisten Aktienfonds und kosten rund fünf Prozent der Anlagesumme Ausgabeaufschlag, bieten aber nicht annähernd deren Rendite-Potential. In den vergangenen zehn Jahren brachten offene Immobilienfonds im Durchschnitt gut vier Prozent Rendite pro Jahr. Aus einmalig investierten 10.000 Euro wurden bei den besten Fonds 16.000 Euro, sofern die Ausschüttungen wieder angelegt worden sind. Die Managementgebühren sind bereits abgezogen, Ausgabeaufschläge nicht, da häufig hohe Rabatte gewährt werden und eine einheitliche Vergleichsbasis kaum mehr möglich ist:

TABELLE EMPFEHLENSWERTE OFFENE IMMOBILIENFONDS (EINMALANLAGE)

Fonds	Gesellschaft	Ergebnis (Euro)[1]	Rendite (%)[2]
• SEB Immoinvest	SEB	16.457	5,1
• CS Euroreal A Euro	Credit Suisse	16.302	5,0
• Grundbesitz Europa	DB Real Estate	16.040	4,8
• Hausinvest Europa	Commerz Real	15.687	4,6

• Deka-Immobilien Europa	Deka	15.185	4,3
• Inter ImmoProfil	Iii	15.167	4,3
• UniImmo Europa	Union	15.065	4,2
• Hansa immobilia	Hansainvest	14.493	3,8

[1] in Euro bei monatlicher Einzahlung von 100 Euro (seit 11/1998)
[2] Nettorendite nach Managementgebühr; Ausschüttung wieder angelegt
Quelle: Morningstar Fondsanalyst/ F & V-Fondscenter; Stand: 10/2008

Mit einem offenen Immobilienfonds wird also relativ viel geboten – abseits der Börsen mit ihren schweren Berg- und Talfahrten. Achtung: In vielen Ballungsgebieten gibt es ein Überangebot an Gewerbeimmobilien. Manche Fonds schwimmen zumindest zeitweise regelrecht im Geld, das mindestens zu 51 Prozent in Immobilien investiert sein müsste, doch immer öfter bis zum Kauf des nächsten lukrativen Objektes in Geldanlagen „geparkt" werden muss. Und: Der Wertzuwachs früherer Jahre lässt sich nicht automatisch fortschreiben. Allerdings wurden die Renditen durch Investition in Auslands-Immobilien, die seit 2003 erleichtert wurden, stabilisiert. Das muss aber in Zukunft nicht so bleiben, da Immobilienkrisen auch in anderen Ländern nicht auszuschließen sind, etwa Spanien.

Besonderer Reiz der offenen Immobilienfonds: Weder die Inflation noch das Auf und Ab an der Börse haben nennenswerten Einfluss auf die Wertentwicklung. Der Wert steigt nahezu kontinuierlich. Faustregel für den Ertrag: Über fünf Prozent Wertzuwachs im Jahr sind nicht zu erwarten. Übrigens: Kaufen kann man Fonds-Anteile bei allen Banken. Die Übersicht erleichtert den Vergleich. Ohne Vergleich kann es passieren, dass nur hausgemachte Produkte angeboten werden. Allerdings sind bei offenen Immobilienfonds die Qualitätsunterschiede nicht so gewaltig wie bei anderen Geldanlagen.

Hier noch einmal die Vor- und Nachteile von offenen Immobilienfonds auf einen Blick:

TABELLE VOR- UND NACHTEILE VON OFFENEN IMMOBILIENFONDS

Merkmal	Vorteil/ Nachteil
• gut geeignet für mittel- und langfristige Zeiträume von 7 bis über 10 Jahre	+
• bisher sehr gleichmäßige Wertsteigerung	+
• Sachwertanlage (durch Immobilien) mit gutem Schutz vor Inflation	+
• hoher Anteil an Festgeld und Rentenpapieren im Fonds kann bei gesättigtem Immobilienmarkt die Rendite senken	–
• nicht geeignet für kurzfristige Anlagen (Börsenflaute kann Jahre dauern)	–
• Rücknahme der Anteile kann in Krisenzeiten bis zu 1 Jahr ausgesetzt werden	–

Neue Arten von Fonds

Zunehmend werden nicht nur reinrassige Fonds angeboten, sondern auch Mischungen, etwa aus Aktien- und Rentenfonds (Mischfonds). Andere Konzepte bauen auf eine bestimmte Ertragsgarantie (Garantiefonds) oder verzichten auf den traditionellen Ausgabeaufschlag (No-load-Funds). Es gibt auch Fonds, die ausschließlich in andere Fonds investieren (Dachfonds) und auch speziell geförderte Altersvorsorge-Fonds (Riester-Fonds; siehe S. 103 ff.).

Schauen Sie in jedem Falle genau in den Verkaufsprospekt, was versprochen wird und was das alles kostet.

Mischfonds

Mischfonds stecken das Geld überwiegend in eine Mischung aus Aktien und Anleihen. Es gibt Fonds mit ausgewogener, offensiver oder defensiver Ausrichtung. Offensive Fonds enthalten mehr Aktien, defensive mehr Anleihen. Geeignet sind sie zum Beispiel für Anleger, die einmalig in einen Fonds ohne all zu hohes Risiko investieren und sich dann mehrere Jahre um nichts mehr kümmern wollen.

Insgesamt sind über 1.000 gemischte Fonds in Deutschland zugelassen. Einige davon integrieren auch Immobilien oder Rohstoffe. Auch Fonds, die ähnlich wie Hedgefonds an fallenden Kursen verdienen können, sind inzwischen im Angebot. Vorteile: Der Anleger erhält eine sehr spezifische, auf seine individuellen Wünsche zugeschnittene professionelle Vermögensverwaltung zu vergleichsweise günstigen Kosten. Je nach Marktsituation und Flexibilität des Fonds kann das Management besondere Chancen nutzen und hohe Risiken vermeiden. Zwischenzeitliche Aufstockungen oder Reduzierungen der Aktienquote innerhalb des Fonds sind auch ab 2009 nicht steuerschädlich – im Gegensatz zu einem privaten Depot aus Aktien und Anleihen, wo Abgeltungsteuer fällig wird (siehe S. 137 f.).

Die besten Mischfonds schafften seit 1988 trotz mehrerer heftiger Finanzmarktkrisen über 5 Prozent Rendite pro Jahr. Aus monatlich gesparten 100 Euro (= 24.000 Euro Gesamteinzahlung) wurden gut 40.000 Euro, sofern die Ausschüttungen wieder angelegt worden sind. Die Managementgebühren sind bereits abgezogen, Ausgabeaufschläge nicht, da häufig hohe Rabatte gewährt werden und eine einheitliche Vergleichsbasis kaum mehr möglich ist:

TABELLE EMPFEHLENSWERTE MISCHFONDS AUS AKTIEN/RENTEN (SPARPLAN)

Fonds	Gesellschaft	Ergebnis (Euro)[1]	Rendite (%)[2]
• GKD-Fonds	DWS	47.834	6,4
• Oppenheim Portfolio E	Oppenheim	43.236	5,5
• UniRak	Union	40.757	4,9

TABELLE EMPFEHLENSWERTE MISCHFONDS AUS AKTIEN/RENTEN (SPARPLAN)

Fonds	Gesellschaft	Ergebnis (Euro)[1]	Rendite (%)[2]
• Cominvest Fondra	Cominvest	38.477	4,4
• Volksbank Inter Invest	Volksbank	37.138	4,1
• Newton Balanced	NBY Mellon	36.420	3,9
• JPM Glbl Blncd B (A)	JPMorgan	36.134	3,9
• SEB Unilever Mitarbeiter	SEB	36.034	3,8

[1] in Euro bei monatlicher Einzahlung von 100 Euro (seit 11/1988)
[2] Nettorendite nach Managementgebühr; Ausschüttung wieder angelegt
Quelle: Morningstar Fondsanalyst/ F & V-Fondscenter; Stand: 10/2008

Mit einem guten Mischfonds-Sparplan wird zwar weniger als mit Aktienfonds, aber mehr als mit Rentenfonds geboten – obwohl die miserablen Börsenphasen 2000/2001 und 2008 schon berücksichtigt sind. Hauptsächlich gemischte Aktien-/Rentenfonds: Da ist die Aktienquote durch Richtlinien mehr oder weniger stark beschränkt. Entsprechend kann das Risiko eher gering, mitunter aber auch hoch sein. Demnach ist eine Anlagedauer zwischen drei Jahren (geringer Aktienanteil) und zehn Jahren (hoher Aktienanteil) sinnvoll.

Grundsätzlich kann die Anlagestrategie solcher Fonds also stark differieren. Daher sollten sich Interessenten genau informieren. Schließlich kann der Fondsmanager das Vermögen innerhalb kurzer Zeit gründlich umschichten.

Hier noch einmal die Vor- und Nachteile von Mischfonds auf einen Blick:

VOR- UND NACHTEILE VON MISCHFONDS IM ÜBERBLICK

Merkmal	Vorteil/ Nachteil
• günstig für Anleger mit Einmalanlage, die das letzte Risiko scheuen	+
• schnelle Reaktion auf wechselnde Kapitalmarkt-Lage möglich	+
• langfristig höhere Wertentwicklung als mit Rentenfonds	+
• Fondsmanager übernimmt Aufteilung des Vermögens	+
• Vermeidung von Abgeltungsteuer bei Umschichtung innerhalb des Fonds – im Gegensatz zu Depots aus Aktien- und Rentenfonds	+
• Anleger weiß oft nicht genau, wie er aktuell investiert ist	–
• kaum Spitzen-Rendite wie bei reinen Aktienfonds möglich	–

Dachfonds

Seit 1999 sind Dachfonds (englisch: fund of funds) in Deutschland zugelassen. Sie legen das Geld nicht direkt in Aktien oder Rentenpapieren an, sondern kaufen ausschließlich Anteile von anderen Investmentfonds, etwa von Aktien-, Renten- oder offenen Immobilienfonds. Pro Einzelfonds dürfen höchstens 20 Prozent des gesamten Dachfonds-Kapitals eingesetzt werden. Minimum sind daher fünf Fonds, in die investiert wird. Die Einzelfonds müssen in Deutschland aufgelegt oder hierzulande zum öffentlichen Vertrieb registriert sein.

Wieder hat der Gesetzgeber zahlreiche Vorschriften für diese Investmentfondsanteil-Sondervermögen gemacht. Auf diese Weise kann eine besonders breite Risikostreuung erreicht werden. Der Fondsmanager kümmert sich aktiv um die Auswahl geeigneter Fonds und kann gegebenenfalls schnell umschichten – allerdings nicht in andere Dachfonds. Nachteil: Theoretisch fallen auch zweimal Gebühren an – zum einen auf der Ebene des Dachfonds, zum anderen auf der Ebene des einzelnen Fonds, in den der Dachfonds investiert. Im Gesetz ist daher absolute Transparenz bei den Gebühren gefordert; im Verkaufsprospekt muss ein expliziter Hinweis erfolgen, falls doppelte Gebührenbelastung erfolgt (§ 25m KAAG). Bei Anlage in Fonds der eigenen Unternehmensgruppe dürfen keine doppelten Ausgabeaufschläge genommen werden. Einige Gesellschaften, darunter Deka Investment, verzichten bei Dachfonds ganz auf den Ausgabeaufschlag. Allerdings erfolgt nicht selten eine höhere Belastung mit Managementgebühren, wenn der Dachfonds hausfremde Fonds einsetzt.

ACHTUNG BEQUEME GELDANLAGE ACHTUNG

Ob Dachfonds insgesamt nach Kosten ein besseres Ergebnis als breit streuende Einzelfonds erwirtschaften, ist nicht bewiesen. Interessant sind sie zumindest für Anleger, die eine bequeme Anlage suchen. Grund: Durch die Aufteilung des Anlagebetrages auf mehrere ausgesuchte Fonds wird die Risikostreuung – der Clou jedes einzelnen Investmentfonds – quasi verdoppelt. Geboten wird mit Dachfonds praktisch eine Art standardisierte Vermögensverwaltung, bei der mögliche Verluste eines Investments im Zweifel mit Gewinnen anderer Fonds mehr als ausgeglichen werden.

Auf dem Markt sind Varianten für vorsichtige, risikoneutrale und wagemutige Anleger. Damit wird unter anderem Namen etwas angeboten, was die Gesellschaften selbst schon als gemischte Fonds oder als Garantiefonds in der Produktpalette hatten. Die Kosten dürften unterm Strich sehr ähnlich sein. Bislang sind Dachfonds keine Rendite-Renner. Das ist aufgrund ihrer Konstruktion auch nicht zu erwarten: Je nach Anlagestrategie des Fondsmanagements sind im Portfolio die Aktienfonds nur zu

- 30 Prozent (konservativ),
- 50 Prozent (ausgewogen) bzw.
- 70 Prozent (dynamisch).

Damit tanzen sie nicht zu weit aus der Reihe, wenn es an den Börsen aufwärts oder eben abwärts geht. Sie werden in Rendite-Vergleichen daher nie ganz oben stehen – aber auch nie ganz unten. Die Renditeerwartung ist allenfalls bei solchen Dachfonds interessant, die vorwiegend in Aktienfonds investieren.

Fazit: Manager eines Dachfonds sind nichts anderes als Fonds-Picker. Sie ermöglichen über Dachfonds eine Vermögensverwaltung schon ab 50 Euro Mindestanlage im Monat, was klassische Vermögensverwalter erst ab Einstiegssummen von häufig 15.000 Euro aufwärts leisten. Zudem haben Dachfonds seit 2009 zwei weitere Vorteile gegenüber individueller Vermögensverwaltung:

- Die Kosten des Dachfonds sind für Anleger weiterhin steuerlich anrechenbar. Das erledigt die Fondsgesellschaft automatisch. Damit erhöht sich die Rendite nach Steuern.
- Der Fondsmanager kann Wertpapiere verkaufen, ohne dass der Anleger dafür Abgeltungsteuer zahlen muss. Bei der individuellen Geldanlage wird dagegen bei Veräußerung die Steuer auf den Gewinn fällig.

Hier noch einmal die Vor- und Nachteile von Dachfonds auf einen Blick:

TABELLE VOR- UND NACHTEILE VON DACHFONDS IM ÜBERBLICK

Merkmal	Vorteil/ Nachteil
• Zumeist noch breitere Risikostreuung als mit traditionellen Fonds	+
• schnelle Reaktion auf wechselnde Kapitalmarkt-Lage möglich (aktives Management)	+

TABELLE VOR- UND NACHTEILE VON DACHFONDS IM ÜBERBLICK

• standardisierte Vermögensverwaltung mit Fonds zum kleinen Preis (Fonds-Picking)	+
• flexible Anlagestrategien möglich	+
• Vermeidung von Abgeltungsteuer bei Umschichtung innerhalb des Fonds	+
• doppelte Gebührenbelastung möglich	–
• nicht innovativer als Mischfonds, aber im Zweifel teurer	–

Garantiefonds

Wer gleich einen größeren Betrag von beispielsweise 5.000 Euro zur Seite legen will, aber sich keinen Flop leisten kann, für den sind Investmentfonds – meist Aktienfonds – mit Garantie eine Überlegung wert. Eigentlich ist dies ein Widerspruch in sich. Um jedoch risikoscheue Anleger für Fonds zu begeistern, haben sich die Fondsgesellschaften mehrere Garantie-Komponenten einfallen lassen:

- Entweder wird die eingezahlte Einlage am Ende einer bestimmten Laufzeit garantiert oder
- ein bestimmter Mindestkurs oder neuerdings auch ein jemals erreichter Höchstkurs beim Verkauf zu einem bestimmten Datum oder
- dem Anleger ist eine Mindestausschüttung sicher (praktisch wie eine garantierte Zinszahlung).

Nachteil: Diese Garantien kosten Geld und schmälern somit die Rendite oftmals erheblich. Unterm Strich stehen bei Aktienfonds mit Garantie nicht selten zwei Prozentpunkte weniger Rendite zu Buche als bei gleichartigen Fonds ohne Garantie. Die Performance solcher Fonds, die zumeist aus Luxemburg stammen, ist im Regelfall nicht besser als die eines ähnlich ausgerichteten Fonds ohne Garantie. Sie beruhigt allerdings die Nerven der Anleger in unruhigen Börsenzeiten. Denn es wird praktisch mit

Sicherheitsnetz spekuliert. Es gibt allerdings nur selten neue Fonds mit gutem Konzept, die eine ertragsorientierte Anlage bieten, bei der sich auch noch ruhig schlafen lässt.
Es überwiegen die Nachteile. Garantiefonds sind meist nur kurze Zeit für Anleger geöffnet; es muss schnell gehandelt werden. Zudem haben fast alle Garantiefonds nur eine begrenzte Laufzeit von oft drei bis fünf Jahren; danach steht der Anleger erneut vor der Frage: Wohin mit meinem Geld? Da das Ende der Laufzeit nicht verlängert werden kann, sollte die Börse genau zum Ablauf des Fonds sehr positiv sein. Wenn nicht, heißt es: Pech gehabt – da sind klassische Fonds viel flexibler.

Zwischendurch können die Anteile auch verkauft werden – allerdings gilt dann zumeist nicht die Rücknahmegarantie. Daher lohnt dies allenfalls bei überdurchschnittlichen Kursgewinnen im Fonds. Dennoch: Wer investieren will, sollte als Anleger vorher genau prüfen, was tatsächlich garantiert ist. Garantiefonds eignen sich vor allem für drei Typen von Anlegern:

- Anleger, die sich ohne Garantie nicht an Aktienfonds heranwagen würden (z.B. Anfänger)
- Anleger, die nur für drei oder vier Jahre in einen Aktienfonds investieren können und danach relativ berechenbar über das Kapital verfügen wollen (z.B. für Autokauf)
- Anleger, die eine Alternative zu Rentenfonds suchen, da Garantiefonds kaum größeres Risiko aufweisen, aber höhere Chancen bieten und geringere steuerpflichtige Erträge enthalten.

Hier noch einmal die Vor- und Nachteile von Garantiefonds auf einen Blick:

TABELLE VOR- UND NACHTEILE VON GARANTIEFONDS IM ÜBERBLICK

Merkmal	Vorteil/ Nachteil
• Garantie gibt Anlegern mehr Sicherheit	+
• gutes Investment für Aktienfonds-Einsteiger	+

TABELLE VOR- UND NACHTEILE VON GARANTIEFONDS IM ÜBERBLICK

Merkmal	Vorteil/ Nachteil
• Sachwertanlage (durch Aktien) mit gutem Schutz vor Inflation	+
• auch geeignet für mittelfristig orientierte Anleger (bis 5 Jahre)	+
• Garantien kosten Geld: Bei 60 Prozent „Partizipation“ der Fondsgesellschaft verzichtet der Anleger z.B. auf 40 Prozent Beteiligung an der Wertentwicklung	–
• Wer zwischendurch Anteile verkaufen will, verliert meist die Garantie.	–
• Fonds sind meist nur kurze Zeit geöffnet; Anleger müssen schnell handeln.	–
• Fast alle Garantiefonds haben nur eine begrenzte Laufzeit	–

Kostengünstig: Indexfonds

Im Gegensatz zu klassischen Investmentfonds, die zumeist vom jeweiligen Fondsmanager aktiv nach bestimmten Strategien zusammengesetzt und ständig verändert werden, gibt es auch eher passive Anlagen, darunter neuerdings auch zu den Investmentfonds zählende Indexfonds. Sie orientieren sich am jeweiligen Index, etwa dem deutschen Aktienindex DAX 30, und müssen daher nicht aktiv gemanagt werden, sondern folgen dem Index passiv. Aktienindizes sollen den Kapitalanlegern eine Orientierungshilfe für die Tendenz am Aktienmarkt bieten. Im Gegensatz zu den ausschließlich an der Börse gehandelten Indexfonds (englisch: Exchange Traded Funds; Abkürzung: ETF) werden klassische „Index-Investmentfonds" zumeist nicht direkt an der Börse gehandelt.

Beide Arten von Indexfonds bieten vor allem einen Vorteil gegenüber aktiv gemanagten Fonds: Es werden Kosten für Management und Transaktionen erspart, die durch passive Anlage, die im Prinzip nur den Index abbildet, kaum ins Gewicht fallen. Man kauft sozusagen einen ganzen Markt oder eine ganze Branche. Statt 1,5 Prozent des Fondsvermögens, die bei Aktienfonds häufig als jährliche Verwaltungsgebühr verlangt werden, fallen bei Index-Aktien-fonds oft nur 0,4 Prozent an. Diese passiv gemanagten Fonds bieten Anlegern mehr Sicherheit vor krassen Fehlentscheidungen des Managements als bei aktiv gemanagten Fonds. Die Wertentwicklung liegt damit bei Indexfonds immer leicht unter dem Index, den sie abbilden. Zudem gibt es Indexfonds oft zu günstigeren Konditionen. Bei aktiv gemanagten Fonds können die Ergebnisse viel schlechter oder viel besser als ihr Vergleichsindex ausfallen.

Einige Indexfonds werden nicht nur über Fondsgesellschaften oder Broker vertrieben, sondern auch an der Börse gehandelt – neben den schon erwähnten ETF's. Statt eines Ausgabeaufschlags ist dann die an der Börse übliche Provision von meist einem Prozent bei Kauf oder Verkauf fällig (bei Direktbanken auch 0,5 Prozent möglich). Zusätzlich fällt der so genannte Spread an – die Differenz zwischen An- und Verkaufskurs. In Einzelfällen liegt er bei nur 0,06 bis 0,1 Prozent

ACHTUNG MINDESTGEBÜHR FÄLLIG ACHTUNG

Da zumeist eine Mindestgebühr je Transaktion fällig ist, die höher als der Ausgabeaufschlag sein kann, sind an der Börse gehandelte Fonds insbesondere für Anleger mit kleinem Geldbeutel nicht zu empfehlen.

Sichere Geldanlage für das Alter

Die weltweite Finanzmarktkrise 2008 hat gezeigt: Wer bei der Geldanlage auf das falsche Pferd setzt und Riken missachtet, kann herbe Verluste erleiden. Dies zu verhindern muss insbesondere bei der Altersvorsorge gelten, die die in der Höhe bröckelnde gesetzliche Altersrente aufbessern soll. Sicherheit ist hier oberste Bürgerpflicht. Deswegen werden in diesem Kapitel nur Anlageformen behandelt, die bei hoher Sicherheit halbwegs ordentliche Rendite versprechen. Sicherheit rangiert in Sachen private Altersvorsorge bei den Deutschen ganz oben an, wie Umfragen zeigen:

TABELLE SO BETREIBEN DIE DEUTSCHEN ALTERSVORSORGE (ANGABE IN %)

Anlageform	November 2008	Dezember 2007
• Eigenheim	39	32
• Riester-Rente bzw. Basisrente	30	41
• Sparbuch bzw. Festverzinsliche	28	14
• Kapital-Lebens- bzw. Rentenversicherung	17	18
• Betriebsrente	17	23
• Fonds-Lebens- bzw. Rentenversicherung	4	9
• Aktien, Aktienfonds, Zertifikate	2	8
• Anleger entscheiden später	22	11
Quelle: GfK Marktforschung/ Clerical Medical; Stand: 11/2008		

Viele dieser langfristigen Anlageformen lassen sich nicht ohne Nachteil in eine andere Anlage umschichten. Daher sollte die Grundsatzentscheidung wohl überlegt sein, um zwischendurch finanzielle Verluste zu vermeiden. Erleichtert wird die richtige Wahl durch staatlich gewollte Förderung:

TABELLE

SO WIRD ALTERSVORSORGE FÜR NORMALVERDIENER GEFÖRDERT

Anlageform	Förderung
• Riester-Rente	Beiträge in Höhe von vier Prozent des Bruttolohns werden mit Zulagen und Steuerersparnis gefördert. Die spätere Rente ist voll steuerpflichtig (beitragsfrei in der Sozialversicherung). Renditepotenzial samt Zulagen: bis sechs Prozent pro Jahr.
• Basis-rente	2009 können Einzahlungen bis zu 13.600 Euro pro Jahr aus unversteuertem Einkommen genutzt werden. Die Einzahlung spart unmittelbar Lohnsteuer. Die Rente ist tendenziell voll zu versteuern und der Anleger ohne Chance auf Kapitalabfindung. Renditepotenzial: 4,5 Prozent pro Jahr.
• Betriebs-rente	Arbeitnehmer haben Anspruch darauf, einen Teil ihres Lohnes in Betriebsrente umzuwandeln (Entgeltumwandlung). 2009 sind maximal 2.592 Euro vom Jahreseinkommen erlaubt (frei von Lohnsteuer und SV-Beitrag). Die spätere Rente ist voll steuerpflichtig, zudem müssen gesetzlich Kranken- und Pflegeversicherte vollen Beitrag auf die Rente zahlen. Renditepotenzial: 4,0 Prozent pro Jahr.
• Privat-rente	Einzahlungen sind nicht mehr steuerlich absetzbar (bei Abschluss ab 2005). Neben dem möglichen Einbau von Rentengarantien für Erben haben sich aber die steuerlichen Bedingungen in der Rentenphase verbessert: Der Ertragsanteil als Basis der Besteuerung wurde verringert. Renditepotenzial: 4,8 Prozent pro Jahr.

Kapital gedeckte Altersrente

Besser bekannt ist diese staatlich geförderte Form der privaten Altersvorsorge unter dem Begriff Riester-Rente. Beim Namen stand der frühere Bundesarbeits- und Sozialminister Walter Riester Pate, in dessen Amtsperiode diese Anlageform im Jahre 2002 eingeführt wurde.

Beispiel Berufsanfänger: Sie haben zumeist wenig Geld. Dabei wurden sie durch die gesetzliche Rente zu Verlierern im Alter gestempelt. Das künftige Rentenniveau dürfte allenfalls 43 Prozent des letzten Nettoeinkommens vor dem Ruhestand ausmachen. Einfachster Ausweg: privat vorsorgen. Das klappt auch mit wenig Geld und viel staatlicher Förderung bei der Riester-Rente: Wer in spezielle Rentenversicherungen, Fonds- oder Banksparpläne einzahlt, wird großzügig unterstützt: Der Staat legt jährlich eine Grundzulage pro Erwachsener sowie eine gesonderte Zulage pro Kind mit Kindergeldanspruch drauf, wenn Rentenpflichtversicherte jährlich Geld zurücklegen. Bis zu vier Prozent des Bruttoeinkommens werden als Einzahlung gefördert – abzüglich der staatlichen Zulagen. Junge Leute unter 25 Jahren erhalten im Jahr des Vertragsabschlusses zusätzlich 200 Euro vom Finanzamt dazu.

Die meisten Menschen wissen nicht, dass schon die Rentenreform 2002 die Altersrenten gekürzt hat – von 70 auf etwa 64 Prozent des durchschnittlichen Nettoeinkommens, damit die Beiträge zur gesetzlichen Rentenversicherung langfristig bezahlbar bleiben. Als Ersatz bietet der Staat seit 2002 Zulagen, falls die Lücke freiwillig durch private Vorsorge aufgefüllt wird. Die Botschaft: Wer Pflichtbeiträge zur gesetzlichen Rentenversicherung einzahlen muss und ergänzend privat vorsorgt, kann die Kürzung der gesetzlichen Altersrente privat ungefähr ausgleichen. Die Riester-Rente ist seit 2002 nach einer Stufenleiter immer stärker gefördert worden und hat inzwischen die Endstufe mit der höchsten Förderung erreicht. Gefördert wird ein bestimmter Prozentsatz des individuellen, rentenversicherungspflichtigen Bruttoeinkommens des jeweiligen Vorjahres:

TABELLE SO VIEL RIESTER-ZULAGE GIBT DER STAAT DAZU

Jahr	Grundzulage (Euro)	Grundzulage pro Kind (Euro)[1]	Mindest-Eigenbeitrag (Euro)[2]
• 2007	114	138	75
• 2008	154	185	75
• 2009	154	185	75
• 2010	154	185	75

[1] für jedes Neugeborene ab 2008 beträgt sogar 300 Euro
[2] mit einem Kind pro Jahr (für Kinderlose mehr, für alle anderen weniger)

Damit ist der wichtigste Geldtopf für Riester-Anleger beschrieben. Arbeiter und Angestellte mit niedrigem oder mittlerem Jahreseinkommen erhalten die Zulagen, die nach Antrag vom Finanzamt dem begünstigten Vertrag gutgeschrieben wird. Um die Zulagen auszuschöpfen, muss ein bestimmter Höchstbeitrag in die Riester-Anlage eingezahlt werden. Maßstab sind vier Prozent des individuellen Bruttoeinkommens aus dem jeweiligen Vorjahr.

BEISPIEL SO ERRECHNET SICH DIE RIESTER-ZULAGE KONKRET

Wer im Jahr 2008 zu den Durchschnittsverdienern zählte und 2.500 Euro pro Monat verdient (= 30.000 Euro im Jahr), kann 2009 bis zu 1.200 Euro in seinen Riester-Vertrag einzahlen (30.000 Euro x 4 %), um die Höchstförderung zu bekommen. Zahlen Durchschnittsverdiener weniger als umgerechnet 100 Euro pro Monat ein, schöpfen sie die Grundzulage von 154 Euro pro Jahr für 2009 womöglich nicht aus.

Besserverdiener erhalten neben der Riester-Zulage einen zusätzlichen Sonderausgaben-Freibetrag von bis zu 2.100 Euro pro Jahr – Ehepaare bis 4.200 Euro. Geltend gemacht werden können unabhängig vom individuellen Einkommen nachfolgende Altersvorsorgeaufwendungen:

TABELLE SONDERAUSGABENABZUG FÜR BEITRÄGE ZUR RIESTER-RENTE

Jahr	Höchstförderung (Euro)[1]
• 2007	1.575
• 2008	2.100
• 2009	2.100
• 2010	2.100
[1]Eigenbeträge + Zulage	

Je höher der Anlagebetrag, desto höher die Steuerersparnis – gerade beim Sonderausgabenabzug.

SO ERRECHNET SICH DIE RIESTER-SONDERAUSGABE KONKRET BEISPIEL

Ein Single ohne Kind erhält im Jahr 2009 bei einem rentenversicherungspflichtigen Einkommen des Vorjahres (2008) in Höhe von 40.900 Euro bei einer Sparleistung von 1.636 Euro (= 4 Prozent) eine Grundzulage von 154 Euro. Hier würde von Amts wegen eine zusätzliche Entlastung als Sonderausgabe (nach § 10a EStG) in Höhe von 420 Euro gewährt. Macht einen Gesamtzuschuss des Staates von 574 Euro für den Riester-Beitrag von insgesamt 1.636 Euro pro Jahr – falls der Anleger insgesamt so viel auf die hohe Kante legt. Bezogen auf das Eigenkapital des Anlegers ist das nicht schlecht – falls das eigentliche Vorsorgeprodukt etwas taugt.

Mit der Riester-Rente wurde die so genannte nachgelagerte Besteuerung eingeführt. Das heißt: Da die Einzahlungen aus unversteuertem Einkommen erfolgen, unterliegen erst die Auszahlungen im Rentenalter der Einkommensteuer – und zwar in voller Höhe. Der individuelle Steuersatz liegt im Alter jedoch traditionell deutlich geringer als in der Phase der Berufstätigkeit. Dabei ordnet sich die Riester-Vorsorge insgesamt in die so genannte zweite Vorsorgeschicht ein:

TABELLE DREI-SCHICHTEN-MODELL DER ALTERSVORSORGE

Vorsorge-schicht	Erklärung	Produkt-Beispiele
• Basisversorgung	Altersversorgung ohne Möglichkeit der freien Vererbbarkeit, Beleihung, Verpfändung, Abtretung oder einmaligen Auszahlung. Die Auszahlung ist nicht vor Vollendung des 60. Lebensjahres erlaubt.	gesetzliche Rentenversicherung, landwirtschaftliche Alterskassen, berufsständische Versorgungswerke, Basisrente
• Zusatzversorgung	Staatlich gewollte und damit geförderte zusätzliche Altersvorsorge	Riester-Rente; Betriebsrente
• Private Geldanlage	Nicht geförderte Anlagen freier Auswahl	Kapital Lebens-Versicherung, private Renten-Policen; alle Formen der Geld- und sonstigen Kapitalanlage

Eine Beteiligung des Arbeitgebers an der Riester-Rente ist gesetzlich nicht vorgesehen. Arbeitgeber können sich jedoch freiwillig oder im Rahmen von Tarifverträgen beteiligen. Die betriebliche Altersversorgung ist teilweise in die Riester-Förderung (§ 10a Einkommensteuergesetz) einbezogen: Gefördert werden Beiträge zu Pensionskassen, Pensionsfonds und Direktversicherungen. Bei der betrieblichen Altersversorgung ist keine Zertifizierung der Produkte nötig, ansonsten schon.

Insgesamt zeigt sich der Staat so spendabel, dass Riester-Verträge die Rendite vergleichbar sicherer Geldanlagen und Vorsorgeformen locker schlagen. Im Jahr 2006 brachten Riester-Verträge laut Stiftung Warentest – ohne Einrechnung der Förderung – zwischen

- 3,7 und 5,6 Prozent Rendite bei Riester-Versicherungen,
- 1,4 und 14,0 Prozent bei Riester-Fondssparplänen sowie
- 2,0 und 3,83 Prozent bei Riester-Banksparplänen.

Diese Zahlenangaben beziehen sich auf die Vergangenheit und lassen keine verbindlichen Schlüsse auf die zukünftige Wertentwicklung zu.

Seit dem Start Ende 2001 sind insgesamt schon über 11,5 Millionen Kunden gewonnen worden. Es sind jedoch nur spezielle Sparpläne für die Förderung zugelassen: Knapp 75 Prozent haben sich bislang für eine Riester-Rentenversicherung entschieden, 22 Prozent für einen Riester-Fondssparplan und drei Prozent für einen Riester-Banksparplan. Unterm Strich steht eine Zusatzrente, die sich im Laufe der Zeit durch eine Verzinsung zwischen rund drei und 13 Prozent (ohne Zulage) aufbaut. Als wichtige Kriterien gelten für den Sparvertrag:

- Der Anbieter muss garantieren, dass der gesamte eingezahlte Beitrag zu Beginn der Auszahlungen im Rentenalter auch wirklich zur Verfügung steht. Das Geld darf also nicht verspekuliert worden sein.
- Zudem darf man sich später das Kapital – frühestens ab 60 – in der Regel nicht komplett auszahlen lassen (maximal: 30 Prozent auf einen Schlag), sondern als etwa gleich bleibende monatliche Zusatzrente bis ans Lebensende – durch zwingenden Abschluss einer privaten Rentenversicherung.

Die Riester-Rente bietet gegenüber anderen Anlagen einige Vorteile. So zählt das Kapital bei späterer Bedürftigkeit und Beantragung von Arbeitslosengeld II oder Sozialhilfe zum Schonvermögen. Nachteil: Ab Beginn des Rentenalters endet dieser Schutz vor dem Zugriff des Staates. Wer als Geringverdiener später auf die Grundsicherung angewiesen ist, dessen private Riester-Rente wird darauf angerechnet. Bei der Bedürftigkeitsprüfung werden dann alle Einkünfte und Geldanlagen berücksichtigt, auch die Riester-Rente.

Riester-Investmentfondssparplan

Perspektivisch könnte ausgerechnet die Riester-Fondsrente den VL-Aktienfonds (siehe S. 129 ff.) den Rang ablaufen. Grund: Die Förderung über Riester-Fonds ist in jedem Fall höher. Zusätzlich gibt's bei Riester-Verträgen den Schutz des Vermögens bei Langzeitarbeitslosigkeit. Da auch keine Einkommensgrenzen nach oben den Kreis der Anleger beschränken, sind gerade Besserverdiener besser gestellt als mit VL. Was die Auswahl betrifft, kann bei Riester-Fonds sogar die gesamte Breite aller Fondsklassen genutzt werden. Und mit Riester-Aktienfondssparplänen ist eine größere Sicherheit als bei VL-Sparplänen gegeben: Sowohl die eingezahlten Beiträge bis zur Fördergrenze als auch die Zulagen sind zum Ende der Laufzeit garantiert. Damit kommen diese „Garantiefonds" sehr sicher, sofern sie mit einem guten Ablaufmanagement drei Jahre vor Ultimo gekoppelt werden.

Für Anleger, die erst ab einem Alter von 45 Jahren aufwärts mit dem Riester-Sparen beginnen, lohnen Riester-Fondssparpläne kaum noch. Grund: Es besteht die Gefahr, dass die Fondsgesellschaften schon kurz nach Vertragsbeginn die zum Ende der Laufzeit gedachte Sicherungsphase einleiten und aus Aktien in weniger verlustreiche Zinspapiere umschichten. Damit stellen sie die gesetzlich geforderte Garantie für die Einzahlungen und staatlichen Zulagen sicher. Ältere Sparer profitieren daher nicht in vollem Maße von den Chancen der Aktienmärkte. Zudem haben sie weniger Zeit, mögliche Verluste am Kapitalmarkt auszugleichen. Solche Schwankungen sind für jüngere Anleger dagegen kein Problem, da der Vertrag frühestens zum 60. Geburtstag endet und Verluste im Laufe dieser langen Zeit mehr als wettgemacht werden können.

Ein Single (45) zahlt 100 Euro Monatsbeitrag bis 65 ein (= 24.000 Euro Einzahlung). Der Ertrag ist unter der Annahme gerechnet, dass sich die Aktienfonds wie der MSCI-Weltindex zwischen 1987 und 2006 entwickelt hätten. Die Riester-Förderung wurde ausgeblendet, da sie bei allen Angeboten gleich hoch ist.

GÜNSTIGE RIESTER-FONDS

Anbieter	Produktname	Vermögen (Euro)	Rendite (%)[1]
DWS	RiesterRente Premium[2]	54.410	7,56
Cominvest	Förderdepot	53.434	7,40
Allianz Global	Allianz-dit-Fondsvorsorge	50.619	6,93
Hansa Invest	Hansa Generation	48.196	6,49
DekaBank	Deka BonusRente	46.358	6,15
Union Investment	Uni-Profi-Rente	45.457	5,97

[1] nach Kosten, aber ohne Einrechnung der Riester-Förderung
[2] Tarif gezillmert, daher hohe Verluste bei Kündigung in den ersten fünf Jahren
Quelle: Anbieter; Stand: Sommer 2008

Die Fondsangebote zeichnen sich bislang auch durch sehr niedrige Stornoquoten aus. Aber Vorsicht: Erste Anbieter haben so genannte gezillmerte Riesterfonds-Sparpläne auf den Markt gebracht. Dies drückt heftig auf die Rendite, falls der Kunde innerhalb der ersten fünf Jahre wieder aus dem Vertrag aussteigt. Daher verkaufen kundenfreundliche Berater solche Riester-Produkte überhaupt nicht. Ansonsten gilt: Die Kostenbelastung liegt zwischen knapp vier und mehr acht Prozent aller Beiträge.

Hier noch einmal die Vor- und Nachteile von Riester-Fonds auf einen Blick:

TABELLE VOR- UND NACHTEILE VON RIESTER-FONDS IM ÜBERBLICK

Merkmal	Vorteil/ Nachteil
• starker steuerlicher Anreiz zu zusätzlichem Ruhestands-Sparen	+
• Sachwertanlage (durch Aktien, Immobilien) mit gutem Schutz vor Inflation	+
• Garantie, dass zum Rentenstart zumindest alle eingezahlten Beiträge + Zulagen verfügbar sind	+
• keine Ausschüttung, sondern verpflichtende Wiederanlage mit hohem Zinseszinseffekt	+
• kostenloses Recht zum Fondswechsel	+
• flexible Anlagestrategien möglich	+
• kein zwischenzeitlicher Ausstieg erlaubt (Entnahme frühestens ab 60)	–
• Zwang zu Verrentung (bis auf 30 Prozent Kapitalabfindung zu Rentenbeginn)	–
• vorgeschriebene Garantie für Kapitalerhalt zu Rentenbeginn kostet Rendite	–
• nicht geeignet für kurzfristige Anlagen	–

Riester-Banksparplan

Ein Schattendasein haben bislang Riester-Banksparpläne geführt. Grund: Viele Banken verdienen zu wenig daran. Dennoch ist das Produkt häufig gut für Kunden: So gut wie nie werden Abschlusskosten von den Banken verlangt. Somit kommt der Sparplan sehr preiswert, ist aber auch flexibel und gut kalkulierbar: Die Sicherheit geht nicht zu Lasten der Rendite.

Die Renditeerwartung liegt zwischen 3,6 und 4,5 Prozent pro Jahr. Durch staatliche Zulagen und Steuerersparnis kommen noch mal mehrere Prozentpunkte obendrauf. Genau vorhersagen kann die tatsächliche Rendite bei einem Riester-Banksparplan aber niemand, denn die Verzinsung hängt in erster Linie vom Zinsniveau am Zinsmarkt ab. In vielen Regionen gibt es bisher gar keine Banken, die Riester-Banksparpläne anbieten – Ausnahme: einzelne Sparkassen und Volksbanken. Wer sich für einen Sparplan entscheidet, muss daher oft den Riester-Vertrag auf dem Postweg abschließen (Post-Ident-Verfahren). Dazu gehen Sie mit den ausgefüllten Papieren zur Post und legen den Personalausweis vor. Die Post prüft und bestätigt dann Ihre Identität anhand des Ausweises.

ACHTUNG UNTERSCHIEDLICHE FORMEN VON BANKSPARPLÄNEN ACHTUNG

Je nach Alter und gewünschter Laufzeit eignen sich unterschiedliche Formen: Sparer über 50 Jahre sollten Banksparpläne auswählen, deren Verzinsung an die Umlaufrendite öffentlicher Anleihen gekoppelt ist. Jüngere Sparer hingegen sollten zu einem Riester-Banksparplan greifen, der mit zunehmender Laufzeit einen Bonus sowie eine stufenweise Zinserhöhung vorsieht.

Wichtig ist die Transparenz für den Kunden. So weist die renditestarke Mainzer Volksbank, die ihren Riester-Banksparplan bundesweit anbietet, als Rendite einen Minus-Abstand von der Umlaufrendite für Bundeswertpapiere von nur 0,5 Prozentpunkten aus. Üblich sind allerdings 1,0 Prozentpunkte Abstand und mehr. Je höher dieser Abstand, desto niedriger die Kundenrendite. Kostenvergleich ist also erste Bürgerpflicht, um die Rendite zu optimieren.

Zum Vergleich: Kunden zahlen einen beliebigen Monatsbeitrag bis 65 ein. Die reine Rendite ohne Riester-Förderung ist nicht schlecht, da praktisch nie Abschlusskosten verlangt werden. Die Riester-Förderung ist ausgeblendet, da für alle Angebote gleich:

GÜNSTIGE RIESTER-BANKSPARPLÄNE

Anbieter	Zinsberechnung	Rendite (%)	Verwaltung (Euro)[1]
Volksbank Jever	Umlaufrendite	3,75	10
Mainzer Volksbank	Umlaufrendite	3,72	10
Sparkasse Schenefeld	Umlauf / Zinserhöhung	3,70	0
Volksbank Heuchelheim	Umlaufrendite	3,57	15
Ethikbank[2]	Umlaufrendite	3,54	15
Genossenschaftsbank Fulda	Umlaufrendite	3,47	0
Volksbank Peine	Umlaufrendite	3,47	0

[1] Kosten für Verwaltung pro Jahr
[2] nur online
Quelle: Anbieter; Stand: Herbst 2008

Riester-Banksparpläne, die einen Bonus mit zunehmender Laufzeit sowie eine stufenweise Zinserhöhung bieten, funktionieren etwas anders: Hier wird die langjährige Treue des Anlegers belohnt, der jedoch objektiv ohnehin nicht vor dem 60. Geburtstag auf das Geld zugreifen kann, ohne die staatliche Förderung komplett zu verlieren. Der anfängliche Zins ist naturgemäß niedriger als bei den Beispielen in der Tabelle – rund 0,5 Prozentpunkte. Wer mit seinem Riester-Banksparplan nicht zufrieden ist, kann problemlos zu einem anderen Anbieter wechseln. Kostenpunkt: meist zwischen 50 und 100 Euro.

Riester-Versicherungsrente

Der Gesetzgeber bevorzugt Renten gegenüber der Kapitalauszahlung. Dies demonstriert er auch bei der Riester-Förderung. Riester-Rentenversicherungen der Versicherungsgesellschaften sind auch deshalb so erfolgreich, weil sie als einzige Riester-Anlageform eine lebenslange Rente kalkulieren. Alle anderen Riester-Bank- und -Fondssparpläne müssen daher das Restkapital ab dem 85. Geburtstag dann ebenfalls in eine Rentenversicherung übertragen.

Die Versicherer kalkulieren als einzige eine lebenslange Rente vom Rentenstart mit 60 oder 65 Jahren an. Zumeist werden Policen abgeschlossen, die klassisch ganz überwiegend in Festverzinsliche investieren; selten fließt das Geld in Riester-Policen auf Fondsbasis. Als Anlageformen unterscheiden sich die speziellen Rentenversicherungen praktisch gar nicht von herkömmlichen privaten Rentenversicherungen. Nur die Steuerregeln sind sowohl in der Einzahlungsphase als auch in der Rentenphase anders (siehe S. 142 ff.).

Die besten Riester-Versicherungsrenten bieten HanseMerkur24, CiV, Asstel und Debeka (siehe Tabelle). Die Stiftung Warentest hat auch Cosmos, Alte Leipziger und Allianz in die engere Wahl gezogen. Eingerechnet sind dabei jeweils schon die Kosten. Beispiel: Ein Single (40) mit 40.900 Euro Jahreseinkommen 2008 zahlt ab 1. Januar 2009 123,50 Euro pro Monat bis 65 ein. Vereinbart sind zehn Jahre Rentengarantie für Hinterbliebene, falls der Kunde nach Beginn der Auszahlungen stirbt. Die Sortierung der Anbieter erfolgt nach Höhe der garantierten Rente. Dabei wurden nur bundesweit tätige Anbieter berücksichtigt.

TABELLE GÜNSTIGE RIESTER-VERSICHERUNGSRENTEN

Versicherer	Garantie-Rente	Gesamtrente[1]	Rating[2]
PB Lebensversicherung	190	280	★★★★
CiV	190	270	★★★
Asstel	190	280	★★★★★
Cosmos Direkt	185	275	★★★★★
Hannoversche	185	275	★★★
HanseMerkur	185	285	★★★★

Debeka	185	275	★★★★★
HUK-Coburg	180	260	★★★★
Swiss Life	180	250	★★★
Oeco Capital	175	260	★★★

[1] Prognose für Gesamtrente im 1. Jahr der Auszahlung
[2] Gesamtrating von 5 Sternen (= stark überdurchschnittlich) über 4 Sterne (= überdurchschnittlich) bis 3 Sterne (= Durchschnitt) bei Morgen & Morgen

Gleichaltrige Frauen und Männer zahlen identischen Beitrag und erhalten eine identische Leistung – trotz unterschiedlicher Lebenserwartung. Das ist bei Riester-Versicherungen seit 2006 gesetzlich vorgeschrieben (so genannte Unisextarife). Die Tabelle zeigt: Wer im Alter von 40 Jahren startet und 25 Jahre lang jeden Monat knapp 124 Euro einzahlt, kann bei den Besten mit rund 190 Euro garantierter Monatsrente rechnen. Samt nicht garantierten Überschüssen könnten bis zu 290 Euro Monatsrente herauskommen.

ACHTUNG AUF QUALITÄT DER VERSICHERER ACHTEN ACHTUNG

Anleger sollten nicht nur auf die Leistungsversprechen achten, sondern auch auf die Qualität der Versicherer selbst. Im Unternehmens-Rating von Morgen & Morgen sollten mindestens 4 Sterne (= sehr gut) stehen.

Die Riester-Rente hat aber auch Nachteile. So ist das Ersparte zumindest bei Renten-Versicherungen bis auf die Rentengarantiezeit nicht vererbbar. Zudem kann man es sich im Prinzip nur als lebenslange Rente auszahlen lassen. Lediglich maximal 30 Prozent des Kapitals dürfen zu Rentenbeginn auf einen Schlag ausgezahlt werden.

Wohn-Riester

Bereits seit 2002 gilt: Wer mit Hilfe der staatlichen Förderung Riester-Rente anspart, kann einen Teil davon zwischenzeitlich als Darlehen entnehmen, um den Erwerb von selbst genutztem Wohneigentum zu finanzieren (Altersvorsorge-Eigenheimbetrag). Es kann also nur ausgezahlt werden, wenn vorher die entsprechende Summe bereits angespart wurde. Zunächst muss man also Geld in die Riester-Vorsorge als Versicherung, Fonds- oder Banksparplan einzahlen. Dann lässt sich bei Bedarf das schon angesparte Kapital für gewisse Zeit zurück leihen, um selbst genutztes Wohneigentum anzuschaffen (Zwischenentnahme-Modell). Später muss das entnommene Kapital wieder aufs Riester-Konto zurückgezahlt werden, damit spätestens mit 65 wieder der volle Riester-Betrag zur Verfügung steht.

ACHTUNG ZINSLOSES DARLEHEN VOM VORSORGEKONTO ACHTUNG

Insgesamt besteht die Chance zu einem zinslosen Kredit in Höhe von 10.000 bis 50.000 Euro. Wer in einer Hochzins-Phase Baugeld leihen muss, kann damit Zinsen sparen, da die Zwischenentnahme zinslos ist. Dennoch überwiegen die Nachteile. Das zinslose Darlehen vom eigenen Vorsorgekonto rechnet sich letztlich nur, wenn der Vorsorge-Vertrag geringe Rendite erwirtschaftet und auf dem Kapitalmarkt langfristig höhere Hypothekenzinsen zu zahlen sind. Doch so schlecht können sich Riester-Vorsorge-Verträge wohl gar nicht verzinsen.

Seit 1. November 2008 ist zusätzlich die staatlich geförderte privaten Altersvorsorge zur Förderung von Wohneigentum („Wohn-Riester") zugelassen. Die eigenständige Riester-Förderung für das Eigenheim soll auf drei Wegen erfolgen können:

- Riester-Bausparvertrag,
- Riester-Immobiliendarlehen,
- Riester-Kombikredit (aus Bausparvertrag und gleichzeitig beginnendem tilgungsfreiem Darlehen).

Damit werden Baudarlehen direkt gefördert; der Kunde kann dann direkt Zulagen zur Tilgung von Darlehen bzw. entsprechende Steuernachlass erhalten. Jede Finanzierung hat Vor- und Nachteile. Wenn alles gut geht und die Partnerschaft hält, steht zu Rentenbeginn eine schuldenfreie Immobilie zur Verfügung – und damit sehr solide Alterssicherung bei nahezu mietfreiem Wohnen. Nachteil: Wohn-Riester-Nutzer müssen die angeschaffte Immobilie mindestens 20 Jahre behalten oder das gebildete Kapital in anderes selbst genutztes Wohneigentum investieren, um die Förderung nicht zu verlieren. Das macht während der Berufstätigkeit immobil und erschwert im Ernstfall auch den Umzug ins Pflegeheim.

Basisrente

Keinen Anspruch auf Riester-Rente und zumeist auch nicht auf Betriebsrente haben Unternehmer. Sie können auf die Basisrente, auch Rürup-Rente genannt, ausweichen und damit steuerbegünstigte Altersvorsorge betreiben. Dahinter verbirgt sich eine spezielle steuerliche Ausprägung der herkömmlichen privaten Rentenversicherung, die jedoch auch von Banken und Fondsgesellschaften nachgebildet werden darf.

Wie die Riester-Rentenversicherung ist sie allerdings nicht vererblich und nicht übertragbar. Anders als die Riester-Rente wird sie zu 100 Prozent nur als Rente ausgezahlt – eine größere Auszahlung zu Rentenbeginn ist verboten! Das Ersparte ist bei Bedürftigkeit während der Einzahlphase vor dem Zugriff des Sozialamtes sicher und gilt auch begrenzt bei Insolvenz als Schonvermögen. In der Rentenphase fällt nach aktuellem Recht auch kein Beitrag für die gesetzliche Kranken- und Pflegeversicherung an.

Tendenziell können Einzahlungen bis zu 20.000 Euro pro Jahr aus unversteuertem Einkommen genutzt werden (2009: bis 13.200 Euro), abzüglich der Beiträge zur gesetzlichen Rentenversicherung (samt Arbeitgeberanteil). Bei Unternehmern wird hier ein fiktiver Betrag abgezogen, der für den Gewinn zu zahlen wäre. Das schmälert den Steuervorteil. Dennoch: Bei 30 Prozent Steuersatz muss der Anleger somit tatsächlich nur rund zwei Drittel aufwenden. Die Steuerbegünstigung des Beitrages steigt dabei schneller als die Steuerpflicht der Rente. Die Einzahlung spart unmittelbar Lohnsteuer – 2009 sind es 68 Prozent – pro Jahr steigend auf 100 Prozent im Jahr 2025. Die später ausgezahlte Basisrente ist tendenziell voll zu versteuern. Auch hier gibt es Übergangsfristen: Bei Rentenbeginn 2009 sind lebenslang nur 58 Prozent zu versteuern, bei Rentenbeginn ab 2040 dann 100 Prozent – stets mit dem individuellen Steuersatz. In der Rentenphase muss der Anleger nach heutigem Recht keinen Beitrag für die gesetzliche Kranken- und Pflegeversicherung zahlen.

Wer den geförderten Basisrentenbeitrag maximal ausschöpft, kann zwischen 4,0 und 4,7 Prozent Beitragsrendite nach Steuern schaffen. Allerdings gibt es deutliche Leistungsunterschiede. Die besten Basis-Versicherungsrenten bieten WGV, Cosmos Direkt und Asstel (siehe Tabelle). Z.B.: Erwachsene (40) zahlen je 200 Euro pro Monat bis 65 ein (ohne Rente für die Erben im Todesfall nach Rentenbeginn) und erhalten dynamisch steigende Rente. Die Sortierung erfolgt nach höchster Garantie-Rente für Männer. Es wurden nur bundesweit tätige Anbieter berücksichtigt.

TABELLE

GÜNSTIGE BASISRENTEN IM ÜBERBLICK

Versicherer	Garantie-Rente (Euro)		Gesamtrente (Euro)[1]		Rating[2]
	Mann	Frau	Mann	Frau	
WGV	300	272	448	406	★★★★
Cosmos Direkt	299	271	467	423	★★★★
Europa	299	271	506	458	★★★★★
HanseMerkur	299	269	473	428	★★★★
Debeka	297	270	460	417	★★★★★
Asstel	296	268	471	424	★★★★★
HUK-Coburg	290	263	436	396	★★★★
Allianz	288	261	439	398	★★★★★
Volkswohl Bund	287	260	441	398	★★★★★
Itzehoer	280	254	434	393	★★★★

[1] Prognose für Gesamtrente im 1. Jahr der Auszahlung

[2] Gesamtrating von 5 Sternen (= stark überdurchschnittlich) über 4 Sterne (= überdurchschnittlich) bei Morgen & Morgen

Die Tabelle zeigt: Im Musterfall wird eine Garantierente von bis zu 300 Euro gezahlt. Bei den prognostizierten Gesamtrenten im ersten Jahr der Auszahlung sind damit bis zu 500 Euro möglich, aber wegen der Schwankungen am Kapitalmarkt nicht garantiert. Bei schwachen Anbietern muss man bis zu ein Drittel weniger Leistung in Kauf zu nehmen. Interessierte sollten daher auch auf die Qualität der Versicherer achten: Im Unternehmens-Rating von Morgen & Morgen sollten mindestens 4 Sterne (= sehr gut) stehen.

Neuerdings können neben Versicherern auch Fondsgesellschaften, Banken, Finanzdienstleistungsinstitute sowie betriebliche Pensionsfonds und Pensionskassen Basisrenten anbieten. Praktisch gibt es aber noch keine nennenswerten Angebote.

Betriebsrente

Nicht nur die privat angesparte Riester- oder Basisrente wird staatlich gefördert, sondern für Arbeitnehmer auch drei Formen der Betriebsrente: Direktversicherung, Pensionskasse und Pensionsfonds. Hier ist die Förderung sogar noch ein bisschen höher (nach § 3 Nr. 63 EStG). Während bei der Riester-Rente 4,0 Prozent des individuellen Bruttoeinkommens pro Jahr eingezahlt werden dürfen, sind es bei der betrieblichen Altersversorgung (bAV) 4,0 Prozent des fiktiven Bruttoeinkommens bis zur Beitragsbemessungsgrenze West für das Jahr. Das bedeutet: Für 2009 kann jeder Arbeitnehmer bundeseinheitlich maximal 2.592 Euro vom Jahreseinkommen in einen betrieblichen Vorsorgevertrag einzahlen, ohne dafür Lohnsteuer und SV-Beitrag zahlen zu müssen. Zusätzlich sind weitere 1.800 Euro Beiträge vom Gehalt steuerfrei in Betriebsrente umwandelbar; dafür sind dann aber SV-Beiträge fällig.

Alternativ können Arbeitnehmer aber auch die Riester-Förderung (2008: bis 2.100 Euro) über den Betrieb mitnehmen. Vorteil: Angebote können kostengünstiger sein, da betriebliche Versorgungswerke sich mit sehr wenigen Verwaltungskosten begnügen. Betriebliches „Riestern" hat aber auch schwerwiegende Nachteile und lohnt daher zumeist nicht:

- Es ist keine direkte Förderung für Ehegatten möglich,
- auf betrieblich angesparte Riester-Rente müssen gesetzlich Kranken- und Pflegeversicherte im Alter Beitrag zahlen (bei einer privat abgeschlossenen Riester-Rente nicht).

Der Weg zur Betriebsrente führt meist nur darüber, dass Arbeitnehmer auf einen Teil ihres Barlohns verzichten und diesen Teil in eine Betriebsrente einzahlen (Entgeltumwandlung). Ansprüche auf Betriebsrenten aus Entgeltumwandlung werden sofort unverfallbar. Das heißt: Der Arbeitnehmer muss bei Entgeltumwandlung keine Frist mehr einhalten, bis zu der er beim Firmenwechsel seine Betriebsrente verlieren würde. Am weitesten verbreitet sind unter Arbeitnehmern die Direktversicherung und die Pensionskasse.

Eine Direktversicherung ist nichts anderes als eine klassische Kapital-Versicherung, die zwingend über die Firma laufen und bei Abschlüssen seit 2005 auf eine Verrentung hinauslaufen muss. Die Laufzeit muss wenigstens bis zum 60. Lebensjahr reichen. Allerdings hat die Gesundheitsreform 2004 für Betriebsrenten generell eine schwere Bürde gebracht: Gesetzlich krankenversicherte Rentner müssen seit 1. Januar 2004 den vollen Beitragssatz für die Kranken- und Pflegeversicherung auf Betriebsrenten an die Krankenkasse zahlen (früher: halber Beitragssatz).

Günstige Renten-Direktversicherungen bieten Swiss Life, WGV und Volkswohl Bund (siehe Tabelle). Muster: Wer 25 Jahre lang jeden Monat 124 Euro einzahlt, kann bei den Besten mit rund 180 Euro garantierter Monatsrente rechnen. Frauen erhalten wegen ihrer insgesamt höheren Lebenserwartung und damit vermeintlich längerem Rentenbezug geringere Garantien – rund 165 Euro. Samt Überschüssen der Versicherer, die für die Zukunft natürlich nicht garantiert sind, könnten bei den Besten bis zu 300 Euro Monatsrente herauskommen – bei Frauen knapp 280 Euro. Bei allen Angeboten wird unterstellt, dass bei Tod des Kunden nach Rentenbeginn die Erben maximal zehn Jahre weiterhin die Rente ausgezahlt bekommen. Die Sortierung erfolgt nach höchster Garantie-Rente für Männer. Es wurden nur bundesweit tätige Anbieter berücksichtigt.

TABELLE GÜNSTIGE RENTEN-DIREKTVERSICHERUNGEN

Versicherer	Garantie-Rente (Euro)		Gesamtrente (Euro)[1]		Rating[2]
	Mann	Frau	Mann	Frau	
Swiss Life	184	170	270	248	★★★
WGV Leben	179	165	268	247	★★★★
Volkswohl Bund	179	165	276	253	★★★★★
Europa	178	164	303	278	★★★★★
Hannoversche	178	164	276	254	★★★
Debeka	177	163	273	252	★★★★★
Asstel	175	161	278	254	★★★★★
Alte Leipziger	175	161	251	232	★★★
HanseMerkur	173	160	251	231	★★★★
HUK-Coburg	173	160	262	242	★★★★

[1] Prognose für Gesamtrente im 1. Jahr der Auszahlung

[2] Gesamtrating von 5 Sternen (= stark überdurchschnittlich) über 4 Sterne (= überdurchschnittlich) bis 3 Sterne (Durchschnitt) bei Morgen & Morgen

ACHTUNG AUF QUALITÄT DER VERSICHERER ACHTEN

Anleger sollten nicht nur auf die Leistungsversprechen achten, sondern auch auf die Qualität der Versicherer selbst: Im Unternehmens-Rating des Analyseunternehmens Morgen & Morgen aus Hofheim sollten mindestens vier Sterne (= sehr gut) stehen.

Eine Alternative zur Direktversicherung sind Pensionskassen. Dabei handelt es sich ebenfalls um Versicherungsunternehmen mit identischen Rahmenbedingungen für die Kapitalanlage (maximal 35 Prozent Aktienanteil).

Die Einzahlungen können aber besser auf die wirtschaftliche Situation der Firma und des einzelnen Mitarbeiters Rücksicht nehmen – es sind jährlich wechselnde und sogar fallende Einzahlungen möglich – so genannte „laufende Einmalbeträge“. Sie erlauben es dem Arbeitnehmer, jedes Jahr neu zu entscheiden, ob und in welcher Höhe er in seine Pensionskasse einzahlen möchte. Rund 80 Prozent der Kassen bieten diese laufenden Einmalbeträge an.

Am Ende gibt es eine monatliche Rente von der Firma. Die Höhe der Förderung ist gesetzlich wie bei Direktversicherungen festgesetzt (nach § 3 Nr. 63 EStG). Die Spannbreite der Rendite liegt nach Untersuchungen von 2007 zwischen 3,5 und 5,46 Prozent. Diese Angaben beziehen sich auf die Vergangenheit und lassen keine verbindlichen Schlüsse für die Zukunft zu. Günstige Angebote für Pensionskassen-Rentenversicherungen machen Swiss Life, Neue Leben und Winsecura.

Mit der Einführung von Pensionsfonds 2002 in Deutschland wurde ein zusätzlicher Durchführungsweg der Betriebsrenten eröffnet. Pensionsfonds werden ebenso wie Direktversicherungen und Pensionskassen bei der Entgeltumwandlung gefördert (nach § 3 Nr. 63 EStG). Sie heben sich vor allem in den Richtlinien für die Kapitalanlage ab: Hier müssen nur 30 Prozent in mündelsichere festverzinsliche Wertpapiere fließen. Damit bieten Pensionsfonds größere Ertragschancen, bergen aber auch deutlich höhere Ertragsrisiken. Leistungen fließen im Prinzip nur als lebenslange Rente. Kapitalabfindung ist wie beim Riester-Sparen in Höhe von höchstens 30 Prozent des Vermögens zu Rentenbeginn zulässig. Den Arbeitnehmer kann kein Total-Verlust seiner Betriebsrente treffen. Die bisherigen Angebote reichen noch nicht für einen größeren Marktüberblick aus.

Private Rentenversicherung

Sowohl die Riester- und Basisrente als auch die beiden verbreiteten Formen der Betriebsrente – Direktversicherung und Pensionskasse – haben ihren Ursprung in der klassischen privaten Rentenversicherung. Diese traditionelle Police erlebt seit 2005 einen nie gekannten Aufschwung. Das hat drei Gründe:

- Man kann sich die Option sichern, am Ende alles auf einen Schlag ausgezahlt zu bekommen (Kapitalwahlrecht) und muss nur die Hälfte des Ertrages versteuern (bei mindestens zwölf Jahren Vertragslaufzeit und frühester Auszahlung ab dem Alter von 60 Jahren).
- Bei Rentenauszahlung mit 65 werden nur 18 Prozent Ertragsanteil für Einkommensteuer fällig (bis 2004 waren es 27 Prozent).
- Die Leistung ist teilweise „vererbbar“ (Rentengarantie für die Hinterbliebenen zwischen fünf und in der Regel 15 Jahren ab dem Rentenbeginn möglich).

Die private Rentenversicherung ist dem Grunde nach überhaupt keine Versicherung, sondern eine reine Geldanlage: Gegen einmalige oder laufende Beitragszahlung wird der Anspruch erworben, ab einem vereinbarten Termin lebenslang eine monatliche Rente zu beziehen. Daher auch die häufig verwendete Bezeichnung „Leibrente“. Gegenüber einer Kapital-Lebensversicherung ist der Beitrag deutlich niedriger, weil im Todesfall keine finanzielle Leistung für die Hinterbliebenen gezahlt wird. Ausnahme: Man zahlt für die Option, dass Erben nach dem Tod des Kunden nach Rentenbeginn noch eine gewisse Zeit die Rente weiter ausgezahlt bekommen – das nennt sich Rentengarantie.

Weiterer Pluspunkt aus Kundensicht: Der Gesundheitszustand spielt keine Rolle, da hohes Sterberisiko im Gegensatz zur Kapital-Lebensversicherung für den Rentenversicherer eine entsprechend kürzere Leistungsdauer bedeutet und somit kein Risiko bedeutet. Daher findet auch keine Gesundheitsprüfung statt. Die Privatrente ist daher besonders interessant für jene, die ausschließlich etwas für die eigene Altersvorsorge tun wollen, denen aber Fonds oder Aktien nicht sicher genug erscheinen. Doch die Rendite ist rückläufig. Grund: Die Versicherten werden immer älter und der eingezahlte Beitrag muss immer länger reichen. In regelmäßigen Abständen müssen die Versicherer auf die weiter steigende Lebenserwartung reagieren: Dann steigen die Beiträge oder es gibt für neue Kunden weniger Rente zum alten Preis.

Die besten privaten Rentenversicherungen bieten Cosmos Direkt, WGV und Debeka (siehe Tabelle). Sie kommen damit von Versicherern, die sehr kostengünstig arbeiten. Muster: Wer 25 Jahre lang jeden Monat 124 Euro einzahlt, kann bei den Besten mit rund 180 Euro garantierter Monatsrente rechnen. Frauen erhalten wegen ihrer insgesamt höheren Lebenserwartung und damit vermeintlich längerem Rentenbezug geringere Garantien – rund 165 Euro. Samt Überschüssen der Versicherer, die für die Zukunft nicht garantiert sind, könnten bei den Besten bis zu 300 Euro Monatsrente herauskommen – bei Frauen knapp 280 Euro. Bei allen Angeboten wird unterstellt, dass bei Tod des Kunden nach Rentenbeginn die Erben maximal zehn Jahre weiterhin die Rente ausgezahlt bekommen. Die Sortierung erfolgt nach höchster Garantie-Rente für Männer. Es wurden nur bundesweit tätige Anbieter berücksichtigt.

TABELLE GÜNSTIGE PRIVATE RENTENVERSICHERUNGEN

Versicherer	Garantie-Rente (Euro)		Gesamtrente (Euro)[1]		Rating[2]
	Mann	Frau	Mann	Frau	
Cosmos Direkt	182	167	279	257	★★★★
WGV Leben	179	165	267	246	★★★★
Debeka	177	163	275	253	★★★★★
Asstel	175	161	278	254	★★★★★
HUK-Coburg	172	159	259	239	★★★★
Allianz	170	157	267	246	★★★★★
Neue BBV	170	156	249	230	★★★★★
Volkswohl Bund	170	156	259	238	★★★★★

InterRisk	168	155	231	213	★★★★
LVM	167	154	257	237	★★★★

[1] Prognose für Gesamtrente im 1. Jahr der Auszahlung
[2] Gesamtrating von 5 Sternen (= stark überdurchschnittlich) über 4 Sterne (= überdurchschnittlich) bei Morgen & Morgen
Quelle: Morgen & Morgen; Stand: Sommer 2008

Im Schlepptau der klassischen Renten erleben fondsgebundene Rentenversicherungen einen nie gekannten Aufschwung, obwohl bei denen erst zu Rentenbeginn feststeht, wie hoch die monatliche Leistung ist. Grund: Sie bieten weit weniger Garantien als klassische Rentenpolicen, denn das Kapitalmarktrisiko trägt ja der Kunde – durch Anlage in Investmentfonds eigener Wahl. In der Vergangenheit waren die Fondsversicherungen für seriöse Berater eher ein rotes Tuch, denn Kostenquoten von bis zu 20 Prozent des Beitrages sind bis heute keine Seltenheit.

Nur in geringem Umfang gibt es bei herkömmlichen Fondspolicen vertraglich zugesicherte Rentengarantien. Doch selbst der im Versicherungsschein genannte niedrige Rentenfaktor kann sich während der Einzahlungsphase noch ändern, also wegen zusätzlicher demografischer Dellen weiter sinken. Erst zu Beginn der Auszahlungsphase wird er unwiderruflich festgelegt. Häufig beträgt er knapp 20 Euro pro 10.000 Euro Fondsguthaben.

Fondsgebundene Rentenversicherungen unterscheiden sich in Bezug auf die Rentabilität in drei wesentlichen Aspekten von der Anlage in „reinen" Investmentfonds:

- Erstens sparen Fondspolicen-Anleger stetig und damit keineswegs prozyklisch. Somit verpassen sie niemals die Vorteile des relativ günstigen Einstiegs in den Fonds, Cost-Average-Effekt genannt.
- Zweitens bezahlen Fondspolicen-Anleger weniger Ausgabeaufschlag; und der Fondswechsel innerhalb der Versicherung sind zudem oftmals kostenfrei.
- Drittens werden Fondspolicen bei der Abgeltungsteuer gegenüber Direktanlagen in Fonds begünstigt (siehe S. 137 ff.).

Vermögensbildung für Arbeitnehmer

Doppelt so hohe Zinsen wie beim Sparbuch lassen sich weitgehend ohne Risiko auch durch speziell geförderte Geldanlage für Arbeitnehmer erreichen. Jeder fest Angestellte kann vom Arbeitgeber verlangen, dass der einen Teil Ihres Gehalts auf ein Konto Ihrer Wahl für vermögenswirksame Leistungen überweist, kurz: VL.

Wann der Staat Geld spendieren muss

In vielen Firmen und Behörden gibt der Chef bei VL etwas dazu oder spendiert sogar die maximal geförderte Summe. Von dieser freiwilligen Sozialleistung profitieren auch Auszubildende, Soldaten und Zivildienstleistende, nicht jedoch Schüler und Studenten (sie sind keine Arbeitnehmer). Die Spanne reicht von sieben bis 40 Euro monatlich, das Geschenk von der Firma ist einkommensteuerpflichtig und kann auf ein Sparkonto Ihrer Wahl eingezahlt werden, über das nach sieben Jahren verfügt werden kann. Bei VL sollten Sie also immer zugreifen.

Je nachdem, wie spendabel die Firma ist, kommt ein hübsches Sümmchen heraus. Gibt die Firma z. B. jeden Monat 40 Euro zur mittelfristigen Vermögensbildung dazu, so kommen nach sechs Jahren bis zu 2.880 Euro Firmengeschenk zusammen (40 Euro pro Monat x 12 Monate x 6 Jahre) – das siebte Jahr ruht der Vertrag. Erst danach ist der Zugriff auf das Geld erlaubt, das sich natürlich zusätzlich verzinst. Vom Sparbuch über eine Lebensversicherung bis hin zu Aktien ist alles erlaubt.

Wer keine VL von der Firma erhält, kann den Betrag eben auch von seinem Gehalt abzweigen. Das lohnt bei relativ geringem Gehalt wegen der zusätzlichen staatlichen Förderung – über die so genannte Arbeitnehmer-Sparzulage. Fragen Sie im Personalbüro danach. Das lohnt sich besonders dann, wenn das zu versteuernde Jahreseinkommen bei Singles unter 20.000 Euro bleibt. Das Bruttoeinkommen kann wesentlich höher liegen – bei einer dreiköpfigen Familie mit einem Verdiener z. B. bis rund 50.000 Euro:

TABELLE BIS ZU DIESEM GEHALT GIBT ES ARBEITNEHMER-SPARZULAGE

Familienstand	Jahres-Bruttoeinkommen (maximal in Euro)[1]
• Single[2] ohne Kind	22.190
• Single[2] mit 1 Kind	21.590
• Single[2] mit 2 Kindern	21.600
• Ehepaar, 1 AN[3], ohne Kind	45.437
• Ehepaar, 1 AN[3], mit 1 Kind	45.437
• Ehepaar, 1 AN[3], mit 2 Kindern	45.437
• Ehepaar, 2 AN[3], ohne Kind	46.388
• Ehepaar, 2 AN[3], mit 1 Kind	46.388
• Ehepaar, 2 AN[3], mit 2 Kindern	46.388

[1] Pauschbeträge für Werbungskosten, Sonderausgaben und Altersvorsorge berücksichtigt; Kinderfreibetrag nicht berücksichtigt
[2] Je Kind wurde der halbe Kinderfreibetrag und der halbe Betreuungsfreibetrag berücksichtigt
[3] AN = Arbeitnehmer
Quelle: eigene Berechnung auf Basis des BMF-Abgabenrechners (www.abgabenrechner.de)
Stand: 1.1.2009

Wer innerhalb dieser Einkommensgrenzen bleibt, bei dem zeigt sich auch der Staat spendabel und gibt als Geschenk eine Arbeitnehmer-Sparzulage obendrauf. Allerdings nur für monatliche Einzahlungen in einen Aktienfonds, eine Unternehmensbeteiligung Ihres Arbeitgebers oder einen Bausparvertrag. Die Zulage macht bei Aktienfonds und Unternehmensbeteiligungen je 20 Prozent der Einzahlungen (bis 400 Euro pro Jahr) aus, bei Bausparverträgen zehn Prozent (für Einzahlungen bis 470 Euro pro Jahr).

Wer höchstens soviel verdient, dem schreibt das Finanzamt jedes Jahr maximal 20 Prozent seiner Einzahlungen bis 400 Euro gut (= 80 Euro) und überweist den Gesamtbetrag von höchstens 480 Euro am Ende des siebten Jahres aufs Girokonto (400 Euro x 20 % x 6 Jahre). Erst nach dem siebten Jahr ist in der Regel der Zugriff aufs Geld möglich. Wer im Laufe der Zeit mit Lohn oder Gehalt über die Einkommensgrenze steigt, verliert die Zulage nur für die Jahre, in denen er besser verdient.

Warum vor allem Aktienfonds für Vermögenswirksame Leistungen lohnen

Lohnenswert für VL sind vor allem gute Aktienfonds – wegen der langfristig hohen Rendite-Chancen und der hohen Zulage vom Finanzamt. Genauer: Gefördert wird die Anlage in Investmentfonds mit Fonds mit mindestens 70 Prozent Aktienanteil. Die besten Aktienfonds machten aus einer monatlichen Einzahlung von 33,33 Euro, also rund 2.400 Euro in sechs Jahren, seit März 2002 mehr als 3.100 Euro (siehe Tabelle). Das entspricht einer Rendite von mehr als 10 Prozent pro Jahr.

TABELLE AUSWAHL SOLIDER DEUTSCHER AKTIENFONDS FÜR VL

Fonds	Bank/Vertrieb	Ergebnis (Euro)[1]	Rendite (%)[2]
• DWS Aktien Strategie Deutschland	Deutsche Bank	3.737	14,6
• Allianz-dit Deutschland A	Allianz/Dresdner	3.554	12,9
• Cominvest Fondak P	Commerzbank	3.461	12,1

TABELLE AUSWAHL SOLIDER DEUTSCHER AKTIENFONDS FÜR VL

Fonds	Bank/Vertrieb	Ergebnis (Euro)[1]	Rendite (%)[2]
• Frankfurter Sparinvest Deka	Sparkassen	3.420	11,7
• FT Frankfurter Effekten Fonds	Frankfurt Trust	3.231	9,8
• Unifonds	Volksbanken	3.226	9,7
• Hansaeffekt	Hansainvest	3.175	9,2
• Alte Leipziger Trust Fonds A	Alte Leipziger	3.159	9,0
• SEB Aktienfonds	SEB-Bank	3.148	8,9
• MK Alphakapital	Münchner KAAG	3.113	8,6

[1] bei monatlich 33,33 Euro Brutto-Sparbetrag nach 6 Jahren (2002–2008)
[2] Ausgabeaufschlag (5 Prozent pauschal) schon abgezogen; jährliche Ausschüttung wieder angelegt; Berechnung ohne AN-Sparzulage
Quelle: F & V Fondscenter AG/Micropal; Stand: 2008

Dies sind die Ergebnisse der besten Deutschland-Fonds verschiedener Gesellschaften, die nur in deutsche Standardwerte investieren und länger als sechs Jahre existieren. Zudem sind auch ausländische Angebote verfügbar. Pro Monat wurden 33,33 Euro brutto eingezahlt (= 400 Euro/Jahr), um die staatliche Förderung mit Arbeitnehmer-Sparzulage voll auszuschöpfen. Rechnet man die Arbeitnehmer-Sparzulage hinzu, so kommen bei der Rendite noch rund drei Prozentpunkte hinzu. Dieses Ergebnis kann wegen der Schwankungen am Kapitalmarkt allerdings nicht in gleicher Höhe für die Zukunft garantiert werden. Es gab auch schon Sieben-Jahres-Perioden, in denen die besten Fonds nur zwei Prozent Rendite schafften. Nach der weltweiten Finanzmarktkrise 2008 verloren Aktienfonds kurzzeitig sogar 30 Prozent und mehr an Wert, so dass zwischenzeitlich auch negative

Renditen für VL-Sparer nicht auszuschließen sind. Innerhalb von sieben Jahren wurden solche Verluste jedoch zumeist mehr als wettgemacht.

Die Rendite lässt sich noch steigern, wenn Anleger Rabatte beim Ausgabeaufschlag aushandeln. Häufig sind 50 Prozent Nachlass drin. Dies klappt z.B. bei freien Vermittlern wie F&V Fondscenter in Berlin (service@fuv.de) oder im Internet (www.fonds-discount.de oder www.fondsclever.de). Depotkosten lassen sich vor allem bei so genannten Fondsbanken sparen (z.B. ebase, Fondsdepotbank, Fondsservicebank, Frankfurter Fondsbank). Günstig: Die großen freien und Online-Vermittler arbeiten mit den Fondsbanken zusammen, so dass an Ausgabeaufschlag und Depotgebühr gespart werden kann. Der Weg: VL-Vertrag über freien oder Online-Vermittler abschließen und bei einer Fondsbank verwalten lassen.

Strategisch am günstigsten ist es, wenn der Ertrag nach Ablauf der sieben Jahre nicht konsumiert wird, sondern zur Altersvorsorge im Depot bleibt. Achtung: Die Fondsgesellschaften bieten nicht ihre gesamte Aktienfonds-Palette aktiv für VL-Verträge an. Es wehrt sich aber kaum eine Fondsgesellschaft, wenn sich Anleger nach VL-Verträgen für andere Aktienfonds erkundigen.

Übrigens: Gibt der Arbeitgeber Geld dazu, so muss er diese Leistung auch bei bezahltem Urlaub, während der Lohnfortzahlung bei Krankheit und in der Mutterschutzfrist erbringen. Bei Kurzarbeit kommt es auf die konkrete Betriebsvereinbarung an, bei Arbeitslosigkeit bleibt der Anspruch erhalten, die Zahlungen ruhen aber, da nicht gearbeitet wird.

Praktische Tipps zum VL-Konto

Zunächst sollte jeder Arbeitnehmer zwei Dinge prüfen:

- Verdiene ich nur soviel, dass der Staat mir Geld schenkt? Das ersehen Sie aus Ihrer letzten Einkommensteuer-Veranlagung und der Tabelle auf S. 128. Wem das zu kompliziert ist, der kann sich von seinem Finanzamt vorrechnen lassen, ob ihm eine Arbeitnehmer-Sparzulage zusteht.

- Schießt mein Chef Geld zur monatlichen 40-Euro-Rate zu? Das steht im Tarifvertrag. Zusätzlich sollte jeder Arbeitnehmer im Lohnbüro fragen, ob der Chef selbst Vermögensbeteiligungen in seiner Firma anbietet. Damit könnten Sie womöglich sogar noch Steuern sparen. Stille Beteiligungen sind jedoch nicht ganz ungefährlich (siehe auch S. 165).

Fließt wenigstens von einer der beiden Seiten Geld, eignet sich die Sache als guter Einstieg in die Geldanlage, selbst wenn man damit nicht reich wird. Und so wird es gemacht: Sie richten bei einer Bank oder Kapitalanlagegesellschaft ein VL-Konto ein. Wer sich für Investmentfonds entscheidet – Sparpläne sind ab 25 Euro monatlich möglich –, muss auf Aktienfonds setzen, da nur diese Sparte der Investmentfonds mit zehn Prozent staatlicher Prämie belohnt wird. Nach Abschluss des Vertrages bekommen Sie von der Bank ein Formular für Ihren Arbeitgeber mit oder zugeschickt, dass Sie dort ausgefüllt abgeben. Von Stund an überweist der Betrieb die monatliche Summe (maximal 40 Euro) an die Bank. Sie können auch mehr überweisen lassen. Dafür gibt es aber keinen Zuschuss. Überschüssiges Geld ist daher in höherverzinslichen Anlagen besser aufgehoben.

VL-Sparen hat aber einen Haken: Im Normalfall kommt keiner vor Ablauf der sieben Jahre an sein Geld, ohne zumindest die Zulage des Staates einzubüßen. Doch keine Regel ohne Ausnahme. Man verliert die Prämie nicht, wenn

- der Arbeitnehmer oder sein Ehegatte stirbt;
- der Sparer mindestens ein Jahr ununterbrochen arbeitslos ist;
- man zwei Jahre nach Vertragsabschluss oder später heiratet;
- sich ein Arbeitnehmer selbständig macht.

Bei Arbeitslosigkeit besteht auch die Möglichkeit, mit den Zahlungen auszusetzen, bis Sie eine neue Arbeit gefunden haben. Dauert die Pause weniger als ein Jahr, kann auch nachgezahlt werden. Wer aus anderen Gründen vorher aussteigt, verliert die komplette Arbeitnehmer-Sparzulage.

Bausparen mit VL und/oder Wohnungsbauprämie

Beim Bausparen mit VL wird zwar ein etwas höherer Betrag als mit Aktienfonds gefördert - 40 Euro pro Monat -, doch ist die Arbeitnehmer-Sparzulage mit neun Prozent ist nur knapp halb so hoch wie bei Aktienfonds. Demnach gibt der Staat in der sieben Jahre währenden Sparphase nur rund 253 Euro dazu (470 Euro x 9 Prozent x 6 Jahre). Wer sich bei VL für einen Bausparvertrag entschieden hat, setzt damit stärker auf Sicherheit bei der Kapitalanlage als mit Fonds, denn die Verzinsung liegt stetig bei rund vier Prozent.

Anleger sollten eine Bausparkasse mit hoher Verzinsung und niedriger Bausparsumme wählen, die im Falle des Verzichts auf das Bauspardarlehen die Vertragsabschluss-Gebühr zurückerstattet. Zur Erklärung: Manche Kasse behält am Ende des Sparvertrages die Gebühr für den Vertragsabschluss des Bauspardarlehens (1,0 bis 1,6 Prozent der vereinbarten Bausparsumme) ein, obwohl der Anleger gar kein Baudarlehen will und tatsächlich auch nicht in Anspruch nimmt. Andere Kassen sind großzügiger und erstatten dem „unechten" Bausparer die Gebühr voll zurück.

Wird die Gebühr erstattet, kann man mit einem guten Bauspartarif als Anleger sogar auf fünf Prozent Rendite kommen, die bei Einrechnung der Arbeitnehmer-Sparzulage sogar auf 5,5 bis 6,5 Prozent wächst. Die Bausparkassen bieten aber kaum noch Rendite-Tarife an. Grund: Der Zustrom von Anlegern, die gar nicht bauen wollen, bringt die Bausparkassen in Bedrängnis, da das Geld nach spätestens sieben Jahren wieder abgezogen wird und damit für das echte Bausparkollektiv fehlt, das sich langfristig zinsgünstige Baudarlehen sichern will. Die Wartezeit auf das ersehnte Darlehen verlängert sich damit enorm. Zudem wird das Geschäftsprinzip in Frage gestellt, nur sehr niedrige Guthabenzinsen während der Ansparphase für das Darlehen zu geben (häufig 2,5 Prozent), um dann auch relativ niedrige Darlehenszinsen bieten zu können (häufig 4,5 Prozent). Rendite-Bausparer in Massen sprengen da den Rahmen und bescheren Verluste.

Alternativ oder zusätzlich zur VL-Anlage mit Arbeitnehmer-Sparzulage können Bausparer vom Staat auch Wohnungsbauprämie erhalten. Dazu muss man kein Arbeitnehmer sein, und musste bis Ende 2008 auch gar nicht bauen, sondern nur Geldanlage betreiben wollen. Die Prämie gibt es schon ab vollendetem 16. Lebensjahr. Höhe: 8,8 Prozent der eingezahlten Beträge bis 512 Euro pro Jahr (= 45,06 Euro). Passende Monatssparrate, um die Wohnungsbauprämie auszuschöpfen: 43 Euro. Macht nach sechs Jahren maximal 270 Euro Prämie. Vorteil: Die Einkommensgrenze ist geringfügig höher als für Arbeitnehmer-Sparzulage. Man darf es auf maximal 25.600 Euro zu versteuerndes Jahreseinkommen bringen, um den Anspruch auf Prämie nicht wegen zu hohen Einkommens zu verlieren.

Manko: Bei Abschluss von Bausparverträgen ab 2009 muss das Kapital zwingend für die Finanzierung von Wohneigentum oder die Modernisierung verwendet werden, um die Wohnungsbauprämie zu erhalten. Dies war bei älteren Verträgen keineswegs Pflicht, sondern da war die freie Verwendung des Geldes erlaubt. Wer vor 2009 einen Vertrag abgeschlossen hat, genießt zum Glück Bestandsschutz und erhält die Prämie auch dann, wenn er nicht baut.

Positive Ausnahme bei der härteren Förder-Regelung ab 2009: Jugendliche unter 25 Jahren dürfen weiterhin nach einer Sperrfrist von sieben Jahren frei über ihr Bausparguthaben verfügen, ohne die Wohnungsbauprämie zu verlieren. Die Sonderregelung hat einen guten Grund: Bausparen ist bei Jugendlichen die beliebteste Anlageform, wäre aber ohne Förderung für zwei von drei 16- bis 24-Jährigen nicht mehr lukrativ. Tatsächlich verwenden die meisten Jugendlichen nach Ablauf der siebenjährigen Bindungsfrist ihr Kapital für Wohneigentum – sie wollen sich nur nicht von Anfang an darauf festlegen lassen, ergab eine Bausparkassen-Umfrage.

Übrigens: Ohne staatliche Zulagen bieten die meisten Bausparkassen in der Ansparphase gerade mal zwischen 2,5 und 4,5 Prozent effektiven Jahreszins für das Guthaben an. Das liegt in manchen Kassen noch unter dem Durchschnitt des Sparbuches. Damit tragen Bausparverträge häufig die rote Laterne unter Deutschlands sicheren Geldanlagen. Wer nicht wirklich bauen will und nur auf eine angemessene Verzinsung seiner monatlichen Sparrate aus ist, sollte die Finger vom Bausparen lassen.

Mitarbeiterbeteiligung

Neben vermögenswirksamen Leistungen wird seit 1. April 2009 eine weitere Form der Vermögensbildung in Arbeitnehmerhand stärker gefördert: die Mitarbeiterbeteiligung. Gemeint ist die Beteiligung am Unternehmenskapital, etwa durch Darlehen, stille Beteiligung, Genussrechte, Belegschaftsaktien, Genossenschaftsanteile oder GmbH-Anteile. Der Vorteil aus unentgeltlich oder verbilligt überlassener Arbeitnehmerbeteiligung ist zuvor schon bis 135 Euro im Jahr steuerfrei gewesen (§ 19a EStG). Über diesen Weg sind in Deutschland rund zwei Millionen Arbeitnehmer an „ihren“ Unternehmen beteiligt.

Mit der Neuregelung wurde der steuer- und sozialversicherungsfreie Höchstbetrag für Beteiligungen der Mitarbeiter am Unternehmen des Chefs auf 360 Euro erhöht (siehe Tabelle). Damit dürften in erste Linie Mitarbeiter von Kapitalgesellschaften profitieren. Als neues Element sind Mitarbeiterbeteiligungsfonds – etwa für einzelne Branchen – im Gespräch. Solche überbetrieblichen Fonds stoßen auf breites Interesse, sind jedoch nicht unproblematisch: Da 75 Prozent der Mittel in den Firmen angelegt sein müssen, an denen sich die Mitarbeiter beteiligen, wird die Streuung der Geldanlage erschwert. Somit sind derartige Fonds noch riskanter als die bekannten Branchen-Investmentfonds, die auf einzelne Branchen wie Telekommunikation oder Biotechnologie setzen und häufig weltweit die Anlage streuen. Da zudem nur 75 Prozent der eingezahlten Mittel in die Firmen zurückfließen, dürfte das Interesse mittelständischer Unternehmer sehr gering sein.

TABELLE DIE WICHTIGSTEN PUNKTE ZUR MITARBEITERBETEILIGUNG

Merkpunkt	Besonderheit
• Beteiligung erfolgt direkt über Darlehen, stille Beteiligung, Genussrechte, Belegschaftsaktien, Genossenschaftsanteile oder GmbH-Anteile	wie bisher
• Beteiligung erfolgt indirekt über Mitarbeiterbeteiligungsfonds, die in unverbriefte und stille Beteiligungen der Unternehmen sowie unverbriefte Darlehensforderungen von Dritten wie der Hausbank des Unternehmens, börsen- und nicht notierte Wertpapiere, Geldmarktinstrumente, Bankguthaben, Investmentanteile sowie Derivate investieren.	neu
• Mindestens 75 Prozent des Kapitals muss in den Firmen angelegt werden, deren Mitarbeiter Anteile erwerben. Der Rückgabekurs muss höchstens einmal monatlich festgelegt werden.	nur bei indirekter Beteiligung
• Förderung erfolgt entweder über die steuer- und SV-freie Einzahlung in eine Direktbeteiligung bis zu 360 Euro pro Jahr (bisher 135 Euro). Oder über die Arbeitnehmer-Sparzulage für VL, die für Produktivvermögen mit 20 Prozent der Einzahlungen bis 400 Euro pro Jahr gefördert wird	VL
Quelle: Mitarbeiterkapitalbeteiligungsgesetz	

Der Arbeitgeber muss die Beteiligung zusätzlich zum Lohn zahlen; sie darf nicht aus Entgeltumwandlung finanziert werden. Eine Beteiligung basiert zudem auf dem Prinzip der Freiwilligkeit für die Unternehmen und die Beschäftigten. Und: Ein Angebot zur Beteiligung am Unternehmen muss grundsätzlich allen Beschäftigten des Unternehmens offen stehen. Bisherige Mitarbeiterbeteiligungs-Modelle genießen aus steuerlicher Sicht Bestandsschutz und werden bis einschließlich 2015 unverändert gefördert.

Steuern auf Kapitalerträge

Wer Geld anlegt und Vorsorge betreibt, muss von jeher mit dem Finanzamt teilen. Das ist extrem ungerecht, weil die Anlagebeträge in aller Regel aus bereits versteuertem Einkommen stammen. Und im ewigen Kampf um seinen Anteil an den Gewinnen der Anleger lässt sich der Staat immer neue Tricks einfallen, damit bei ihm auch wirklich etwas hängen bleibt. Fette Beute wie nie zuvor verspricht die so genannte Abgeltungsteuer, die seit 2009 in Deutschland auf alle Geldanlagen erhoben wird.

Neu: Abgeltungsteuer auf Geldanlagen

Ab sofort werden Kursgewinne, Dividenden und Zinserträge zu 25 Prozent steuerpflichtig. Samt Solidaritätszuschlag müssen Kapitalanleger sogar 26,4 Prozent aller Kapitalerträge, die seit 1. Januar 2009 zufließen, an das Finanzamt abführen. Kirchenmitglieder zahlen gar knapp 28 Prozent. Den Abzug nimmt die Bank, Fondsgesellschaft oder der Versicherer automatisch vor. Damit ist die Steuerschuld auf Kapitalvermögen vollständig abgegolten – daher auch der Name Abgeltungsteuer. Man braucht wegen der Kapitalerträge demnach gar keine Angaben mehr in der Einkommensteuererklärung zu machen. Anleger, deren persönlicher Steuersatz allerdings unter 25 Prozent liegt, sollten doch eine Steuererklärung abgeben, denn so lässt sich ein Teil der Abgeltungsteuer zurückholen.

Die bisherige individuell berechnete Kapitalertragsteuer nach persönlichem Einkommensteuersatz entfällt ebenso wie steuerfreie Spekulationsfristen und das Halbeinkünfteverfahren auf Kursgewinne und Dividenden. Anders bei echter Altersvorsorge mit einer Kapital-Lebensversicherung: Da bleibt es beim halben Steuersatz und der Besteuerung erst zum Ende der Laufzeit. Die wichtigsten Details:

TABELLE KONSEQUENZEN DER ABGELTUNGSTEUER

Geld anlage	Vorteil	Nachteil
• Zins-anlagen	Besserverdiener sparen mit pauschaler Abgeltung von 25 Prozent der Geld, da nicht mehr der individuelle ESt.-Satz zählt	Niedrigverdiener zahlen zu viel Steuer und sollten sich Geld über Steuererklärung zurückholen
• Aktien	Besteuerung gilt nur für Neuanlagen und Umschichtungen; für Bestand gilt altes Recht mit steuerfreien Kurs- und Veräußerungsgewinnen	Umschichtungen im Bestand lösen Steuerpflicht aus; Ausweg: Dachfonds
• Invest-ment-fonds	Für Bestand gilt altes Recht mit steuerfreien Kurs- und Veräußerungsgewinnen; Ausweg für Neuanlage: Fondsgebundene Versicherung	Umschichtung und verkauf lösen Steuerpflicht aus; Ausweg: Dach- und Mischfonds

Freibeträge für Anleger

Jedem Anleger steht wie bisher ein Sparer-Pauschbetrag von 801 Euro für sämtliche Kapitalerträge zu (Ehepaare 1.602 Euro). Anleger können bis zu dieser Höhe einen Freistellungsauftrag bei ihrer Bank, Versicherung oder Fondsgesellschaft stellen – wie bisher. Bei Kapitalerträgen bis zu der beantragten Höhe fällt dann gar keine Abgeltungsteuer an. Damit aber nicht jeder bei allen möglichen Banken Freistellungsaufträge abgibt und damit den Höchstbetrag elegant und steuerfrei überspringen kann, geben die Banken Kopien jedes Freistellungsantrages an das Bundesamt für Finanzen weiter. Wer auffällt, macht sich der Steuerhinterziehung verdächtig und riskiert hohe Geldbußen. Um vom Fiskus unbehelligt zu bleiben, darf ein Single maximal 16.020 Euro zu 5,0 Prozent Zinsen angelegt haben, Verheiratete das Doppelte:

TABELLE DIESE ZINSEN BLEIBEN VON ABGELTUNGSTEUER VERSCHONT[1]

Zinssatz pro Jahr (%)	maximale steuerfreie Anlagesumme – Single	maximale steuerfreie Anlagesumme – Ehepaar
• 2,5	32.040	64.080
• 3,0	26.700	53.400
• 4,0	20.025	40.050
• 5,0	16.020	32.040
• 6,0	13.350	26.700
• 7,0	11.443	22.885

[1] Angaben gerundet (in Euro)

Wer dies vergisst, kann sich das Geld in der Steuererklärung nachträglich zurückholen. Im Prinzip hat die neue Steuer für Geldanlagen eine gute und eine schlechte Nachricht parat:

+ Zinssparer können zumeist von niedrigeren Belastungen als vor 2009 profitieren.

– Aktien- und Fondssparer müssen höhere Belastungen als bisher tragen.

Wer also mehr Zinsen, Dividende oder Kursgewinne erzielt als im Sparer-Freibetrag gedeckt sind, muss mit dem Finanzamt teilen und von jedem Euro Gewinn über 801 Euro pro Jahr hinaus die Abgeltungsteuer zahlen.

Wichtig: Weitere Werbungskosten in Zusammenhang mit der Geldanlage erkennt das Finanzamt nicht mehr an. Dazu gehören beispielsweise Depotgebühren, Fachliteratur oder spezielle PC-Programme.

Wer nicht arbeitet und auch keine Rente bekommt, sondern nur Einkünfte aus Kapitalvermögen hat – etwa Kinder – und zudem unter dem Grundfreibetrag liegt (2009: 7.834 Euro), kann beim Finanzamt auch eine

„Nichtveranlagungsbescheinigung“ beantragen. Wird diese Bescheinigung der Bank vorgelegt, bleiben Kapitalerträge frei von Abgeltungsteuer.

Ausnahmen von der Abgeltungsteuer

Anders als bei den meisten Geldanlagen, die ab 2009 neu investiert werden, muss bei manch anderer Anlageform keine Abgeltungsteuer gezahlt werden. Auf keinen Fall gilt sie beim Verkauf des selbst genutzten Eigenheims und auch nicht bei Wertsteigerungen durch Verkauf vermieteter Immobilien oder geschlossener Immobilienfonds. Einziger Unterschied: Bei vermieteten Immobilien ist weiterhin eine zehnjährige Spekulationsfrist zu wahren. Wer vorher verkauft, muss den Ertrag mit dem Finanzamt teilen, kann aber auch die Verluste steuerlich geltend machen.

Bei Investmentfonds sollte der Bestandsschutz für Investments vor 2009 möglichst lange aufrechterhalten werden. Denn wer diese Fondsanteile verkauft, verliert endgültig das Privileg, Kursgewinne ohne Abgeltungssteuer kassieren zu können. Ein eleganter Ausweg für Neuanlagen sind Dachfonds: Sie ersparen abgeltungsteuerpflichtige Umschichtungen innerhalb des Fonds. Der Fondseigner verkauft erst dann Anteile, wenn er wirklich „Kasse“ machen muss. Bei neu investierten Aktienfonds zum Beispiel wird dagegen schon Abgeltungsteuer abgezogen, wenn Fondserträge im Fonds wieder angelegt werden, der Anleger also gar keinen Gewinn abzieht.

Keine Abgeltungsteuer wird für Riester-Verträge, Basisrente, Betriebsrente, private Rentenversicherung und Fondsgebundene Lebens- und Rentenversicherungen erhoben (siehe S. 142 ff.). An dieser Stelle geht es nur um die Bewertung, ob es sich lohnt, Investmentfonds nun in Kombination mit einer Lebensversicherung zu kaufen (Fondspolice). Klar ist: Wer Investmentfonds für seine Geldanlage favorisiert, kann nun einen Versicherungsmantel um seine Fonds schlagen und erzielt damit ein deutliches steuerliches Plus. Das lohnt aber nur bei sehr langfristigen Anlagen, insbesondere bei echter Vorsorge für das Rentenalter.

FONDSPOLICE SCHLÄGT FONDSSPARPLAN

BEISPIEL

Zahlt ein Durchschnittsverdiener (40) mit 30 Prozent Grenzsteuersatz 2009 einmalig 10.000 Euro in eine Fondsgebundene Rentenversicherung oder in einen thesaurierenden Aktienfonds ein (jeweils sechs Prozent Renditeentwicklung), so bekommt der Anleger bei der Rentenpolice am Ende mit 65 Jahren rund 2.800 Euro mehr nach Abzug der Steuer ausgezahlt.

Pferdefuß: Das Problem ist und bleibt bei Fondspolicen vielfach die Intransparenz, so werden insbesondere häufig exorbitant hohe Kosten in den Versicherungsmantel eingewebt. Dennoch bleibt festzuhalten: Die fondsgebundene Versicherung schneidet wesentlich besser ab die Direktanlage in Fonds ab:

TABELLE

VERGLEICH VON FONDSSPARPLAN UND FONDSPOLICE NACH STEUERN

Vergleich	Fondsgebundene Rentenversicherung	Fondssparplan
Ansparphase (ab Alter 30)		
Monatsbeitrag	300 Euro	300 Euro
Laufzeit	35 Jahre	35 Jahre
Verzinsung brutto[1]	8 % p.a.	8 % p.a.
Verzinsung netto	8 % p.a.	6 % p.a.[2]
Guthaben nach 35 Jahren	558.088 Euro[4]	414.203 Euro
Auszahlungsphase (ab Alter 65)		
Dauer der Auszahlung	lebenslang	30 Jahre
Verzinsung		-
Monatsrente brutto	2.699 Euro[4]	1.897 Euro

Ertragsanteil (18 % mit 65)	485,95 Euro	-
Steuern (bei 25 % Satz)	121,49 Euro	-
[1] unter Vernachlässigung von Ausgabeaufschlägen [2] 25 Prozent Abgeltungsteuer p.a. [3] angenommene Wertentwicklung: 5 Prozent; davon gehen 25 Prozent Abgeltungsteuer ab [4] Angebot der Condor InvestRente Dezember 2008		

Im Beispielfall wäre zudem im Alter von 82 Jahren für den Kunden Schluss mit den Auszahlungen aus der Fonds-Direktanlage, obwohl der Anleger nach aktuellen Sterbetafeln im Schnitt über 92 Jahre alt würde. Auch hier ist die Versicherungsrente klar im Vorteil: Die Rente fließt lebenslang.

Besonderheiten bei Lebensversicherungen

Prinzipiell unterliegen auch Lebensversicherungen der Abgeltungsteuer. Es gibt aber ein handfestes Privileg gegenüber jeder Geldanlage: Bei echter Altersvorsorge mit Versicherungen mit einer Kapital-Lebensversicherung (KLV) bleibt es beim bis 2008 üblichen Halbeinkünfteverfahren und der Besteuerung erst zum Ende der Laufzeit. Das bedeutet: Kapitalerträge sind zu 50 Prozent steuerfrei und damit privilegiert, wenn die Auszahlung frühestens zum 60. Geburtstag erfolgt und über mindestens 12 Jahre regelmäßige Beitragszahlungen erfolgt waren. Als Kapitalertrag gilt bei der KLV der Unterschiedsbetrag zwischen der tatsächlich ausgezahlten Versicherungsleistung (Ablaufleistung) und der Summe der eingezahlten Beiträge. Nur wenn eine KLV mit geringerer Laufzeit gewählt oder das Erspartes vor dem 60. Geburtstag ausgezahlt wird, ist volle Abgeltungsteuer zu zahlen.

Anders bei der privaten Rentenversicherung: Sie wird monatlich gering besteuert: Bei Auszahlungsbeginn im Alter von 65 Jahren sind es zum

Beispiel lebenslang nur 18 Prozent Ertragsanteil, die der Einkommensteuer unterworfen werden:

TABELLE SOVIEL PRIVATRENTE WIRD BESTEUERT

Alter bei Rentenbeginn	Ertragsanteil (%)[1]
60	22
61	22
62	21
63	20
64	19
65	18
66	18
67	17
68	16
69	15

[1] Von diesem Anteil wird mit dem individuellen Steuersatz besteuert

Die Ertragsanteile waren im Jahre 2005 verringert worden und gelten auch für Privatrenten, die schon vor 2005 abgeschlossen worden sind. Lebenslänglich bleibt es stets bei dem Wert, der bei der erstmaligen Auszahlung der privaten Rentenversicherung maßgeblich ist.

Keine Abgeltungsteuer wird auch für Riester-Verträge, Basisrente und Betriebsrente erhoben. Bei der Riester-Rente gilt: Die Rentenzahlungen unterliegen zu 100 Prozent der Besteuerung mit dem persönlichen Steuersatz. Dafür werden die Einzahlungen komplett von Einkommensteuer und SV-Abgaben freigestellt (nachgelagerte Besteuerung). Ähnlich ist es bei der Basisrente. Im Prinzip sind bei deren Auszahlung ebenfalls 100 Prozent steuerpflichtig. Es gelten jedoch langjährige Übergangsregelungen bis zum Jahr 2039. Steuerpflichtig ist bis dahin nicht der volle Ertragsanteil

(2009: 58 Prozent). Dafür wird im Gegenzug die Einzahlung der Beiträge ab 2025 zu 100 Prozent von der Einkommensteuer freigestellt. Bis dahin gelten niedrigere Übergangsregelungen (2009: 68 Prozent der Beiträge bis 20.000 Euro).

Neue Regeln bei Erbe und Schenkung

Leider landet längst nicht jede Erbschaft in vollem Umfang beim Empfänger. Bei der Verteilung redet das Finanzamt auch ein Wörtchen mit und erhebt Steuern auf Erbschaft bei Tod und auf Schenkung bei vorgezogenem Erbe zu Lebzeiten. Die Höhe der Steuer ist in beiden Fällen im Prinzip gleich. Sie richtet sich nicht nur nach der Höhe des Vermögens, sondern auch nach der Erbschaftsteuerklasse, die wiederum vom Verwandtschaftsgrad der Erben bzw. der Beschenkten zum Verstorbenen bzw. Verschenkenden abhängt. Die nächsten Angehörigen sind in der niedrigsten Klasse I eingestuft, sie schlechteste Steuerklasse ist die Klasse III:

TABELLE STEUERKLASSEN BEI ERBE UND SCHENKUNG

Steuerklasse	Wer?
• I	Ehegatte, Kinder und Stiefkinder, Enkel und Urenkel, Eltern und Großeltern
• II	Geschwister, Neffen und Nichten, Stiefeltern, Schwiegerkinder, Schwiegereltern, geschiedener Ehepartner
• III	alle übrigen Erben, auch Lebenspartner

Für die einzelnen Steuerklassen ergeben sich in Abhängigkeit von der Höhe der Erbschaft bzw. Schenkung Steuersätze zwischen sieben bis 50 Prozent, wobei auch innerhalb derselben Steuerklasse erhebliche Unterschiede bei den Freibeträgen gemacht werden:

TABELLE DIE NEUEN ERBSCHAFTSTEUERSÄTZE AB 2009

bei Vermögen bis ... Euro	Steuer (%) fällig in Klasse		
	I	II	III
75.000 (52.000)	7	30 (12)	30 (17)
300.000 (256.000)	11	30 (17)	30 (23)
600.000 (512.000)	15	30 (22)	30 (29)
6 Mio. (5,11 Mio.)	19	30 (27)	30 (35)
13 Mio. (12,78 Mio.)	23	50 (32)	50 (41)
26 Mio. (25,56 Mio.)	27	50 (37)	50 (47)
darüber	30	50 (40)	50 (50)
In Klammern: alte Regelung bis 31.12.2008			

Es gibt jedoch Freibeträge für nahe Angehörige, so dass Ehepartner und Kinder in aller Regel von der Schenkung- bzw. Erbschaftsteuer verschont bleiben. Grundsätzlich gilt: Je näher die Verwandtschaft, desto geringer sind die Steuersätze. Diese Freibeträge räumt der Fiskus beim Schenken alle zehn Jahre aufs Neue ein. Dem Ehepartner können Sie so alle zehn Jahre Werte bis zu 500.000 Euro steuerfrei schenken:

TABELLE SO VIEL SCHENKUNG IST ALLE 10 JAHRE STEUERFREI

Wer?	Freibetrag (Euro)
• Ehepartner, eingetragene Lebenspartner	500.000 (307.000)
• Kind	je 400.000 (205.000)
• Enkel	je 200.000 (51.200)
• Übrige der Steuerklasse I: Urenkel, Eltern und Großeltern	100.000 (51.200)

• Alle in Steuerklasse II: Geschwister, Neffen, Nichten, Schwiegereltern	20.000 (10.300)
• Alle in Steuerklasse III: übrige Erben, auch „unverheiratete" Lebenspartner	20.000 (5.200)
In Klammern: alte Regelung bis 31.12.2008	

In der günstigsten Steuerklasse I bleibt nahezu alles beim Alten, wobei die Freibeträge und zu versteuernden Werte seit 2009 deutlich günstiger ausfallen. Als Verlierer stehen überwiegend Erben und Beschenkte der Steuerklassen II und III da.

Unterm Strich bleibt auch das selbst bewohnte Eigenheim steuerfrei – bei Kindern nur bis 200 Quadratmeter Wohnfläche und sofortiger Selbstnutzung für mindestens zehn Jahre. Neben den genannten Freibeträgen gibt es für Erben weitere Freibeträge, darunter so genannte Versorgungs-Freibeträge – insbesondere für die Witwe und die Kinder.

Wichtig: Diese Freibeträge und auch die Besteuerungsgrundlagen gelten für jede materielle Form von Erbe oder Schenkung, insbesondere aber für Geldvermögen, Immobilien, Kunst und Antiquitäten, Mobiliar und Autos, Edelmetalle und Schmuck.

Wer ohne Eigennutz berät

Berater und Vermittler von Finanzanlagen können Fehler machen, also aus Kundensicht falsch beraten. Irren ist schließlich menschlich. Zudem werden viele Berater nach dem Verkaufserfolg bezahlt, so dass sie womöglich Angebote favorisieren, die für den Kunden gar nicht passen oder sinnvoll sind, etwa Zertifikate.

Meist gelingt es nicht, Berater für falschen Rat haftbar zu machen, falls im schriftlichen Beratungsprotokoll keine Fehler nachweisbar sind. Dieses Protokoll ist seit 2008 auch beim Abschluss von Versicherungen Pflicht.

ACHTUNG KOPIE DES BERATUNGSPROTOKOLLS BESCHAFFEN ACHTUNG

Anleger sollten vor Verabredung eines Beratungstermins darauf pochen, hinterher eine Kopie des Beratungsprotokolls zu bekommen. Denn im Streitfall muss immer der Kunde beweisen, dass er falsch beraten wurde. Weigert sich der Anbieter, sollte dort kein Produkt gekauft werden.

Doch wo gibt es unabhängige Beratung ohne Eigennutz?

Rechtsberatung in der Verbraucherzentrale

Viele denken bei unabhängiger Beratung zuerst an die Stiftung Warentest. Dabei sind vor allem die Verbraucherzentralen, die es in allen Bundesländern gibt (die Adressen finden Sie im Anhang), zur außergerichtlichen Rechtsberatung und Rechtsbesorgung befugt. Die Beratung in den rund 200 Beratungsstellen kann sich beziehen auf:

- Empfehlungen zu allgemeinen Fragen, etwa „Wie lege ich mein Geld an?", oder

- Hilfe bei konkreten Problemen, etwa "Ich habe mein Geld der Firma XY anvertraut, die jetzt Konkurs angemeldet hat. Wie kann ich wenigstens ein Teil vom Ersparten retten?".

Das heißt: Juristen bieten Verbrauchern ihre Hilfe bei konkreten Problemen an, darunter eine Spar- und Geldanlageberatung. In erster Linie sind die Gespräche als Hilfe zur Selbsthilfe gedacht. In hartnäckigen Fällen versucht die Verbraucherzentrale eine außergerichtliche Klärung zu erreichen, zum Beispiel mit Abmahnungen und Warnungen vor Betrügern. Das kann im Einzelfall bis zur Strafanzeige oder zur Klage führen, in der Regel müssen Verbraucher an diesem Punkt jedoch selbst den Rechtsweg beschreiten, das heißt selber klagen.

Anlageberatung kostet je nach Region unterschiedlich viel Geld bei den Verbraucherzentralen, deren Mittel aus den Landeshaushalten kommen und permanent in Gefahr der Kürzung schweben. In einigen Orten sind es zehn bis 100 Euro pro Stunde für persönliche Beratung; telefonische Beratung kostet häufig 1,86 Euro Gebühren pro Minute, schriftliche Beratung häufig zehn bis 30 Euro (per E-Mail oft etwas preisgünstiger). Geboten werden zunehmend auch Seminare, etwa „Basiswissen zur Geldanlage" (kostet in NRW 40 Euro).

Kunden können ihre Ansprüche abtreten und von Verbraucherzentralen vor Gericht durchsetzen lassen. Damit können nun Verbraucheransprüche von grundsätzlicher Bedeutung vor Gericht aufgegriffen werden.

BEISPIEL WENIGER ERTRAG ALS VON DER BANK VERSPROCHEN

Statt der in Aussicht gestellten rund 30.000 Euro für den über 15 Jahre laufenden Sparplan sollte sich ein Anleger am Ende der Laufzeit mit nur 22.300 Euro zufrieden geben. Die Verbraucherzentrale Nordrhein-Westfalen fordert in einem Musterverfahren für den betroffenen Kunden vom Kreditinstitut die restlichen 7.700 Euro Erträge der prognostizierten Zinsgestaltung ein. Möglich wurde der Gang vor Justitia durch eine Änderung des Rechtsberatungsgesetzes, das den Verbraucherzentralen erlaubt, Geldforderungen von Verbrauchern auch vor Gericht zu verfolgen. Der Kunde bekam schließlich den fehlenden Betrag ausgezahlt.

Adresse und Telefonnummer Ihrer nächstgelegenen Verbraucherzentrale stehen im Telefonbuch. Rufen Sie unbedingt vorher an und machen einen Termin. Gerade bei Geldanlagen ist der Andrang groß. In besonders dringenden Fällen kann unter Umständen der Dachverband weiterhelfen, die Verbraucherzentrale - Bundesverband (Adresse am Ende des Buches).

Die Verbraucherzentralen überprüfen Geldanlage-Angebote, die dem einzelnen Verbraucher unterbreitet wurden, und teilen dem Sparer das Ergebnis mit. Großes Augenmerk wird dabei auf den grauen Kapitalmarkt gelegt, also auf alle Angebote, die außerhalb von Banken und Sparkassen stammen. Laut Verbraucherzentrale Berlin sind in der Vergangenheit 80 Prozent der „Grau-Angebote“ außerhalb der Banken windige Finanzkonstruktionen gewesen.

Stiftung Warentest vergleicht Leistung und Preis

Die Stiftung Warentest in Berlin führt vergleichende Warentests und Dienstleistungsuntersuchungen durch, auch in den Bereichen Geldanlage, Altersvorsorge und Versicherungen. Sie informiert die Öffentlichkeit über die Qualitätsurteile, nennt Preise und Kosten. Jeder Verbraucher wird in Geldangelegenheiten durch die Zeitschrift "FINANZtest" neutral, unabhängig und sachgerecht informiert (Adresse am Ende des Buches).

Im Unterschied zu den Verbraucherzentralen ist die Stiftung Warentest jedoch kein Verbraucherinstitut und darf keine unmittelbare Rechtsberatung vornehmen. Die zahlreiche Anfragen werden so beantwortet, dass hinterher jeder Verbraucher die Marktsituation besser beurteilen kann. Die Gründung eigener Zweigstellen zur direkten Verbraucherberatung ist schon von der Satzung der Stiftung her ausgeschlossen. Gleichwohl gibt es eine enge Zusammenarbeit mit den Verbraucherzentralen. So werden häufige Anfragen in den Verbraucherzentralen zum Gegenstand von Waren- und Dienstleistungstests.

Untersuchungsberichte und Reports zu Finanzdienstleistungen aller Art veröffentlicht seit 1991 die Zeitschrift "FINANZtest". Sie erscheint monatlich und kostet 4,20 Euro. Die geldwerten Tipps machen sich für aufmerksame Leser bei der eigenen Geldanlage schnell bezahlt.

Übrigens: Die Stiftung Warentest wurde 1964 als private Institution für vergleichende Waren- und Dienstleistungstests auf Anregung der Bundesregierung gegründet, um den Verbraucherschutz zu verbessern. Sie setzt heute 45,5 Millionen Euro im Jahr um; gut ein Viertel davon bringt der Verkauf der Zeitschrift FINANZtest ein. Lediglich ein Fixum von 6 Millionen Euro schießt das Bundes-Verbraucherschutzministerium jährlich zu. Der einstige Hauptsponsor und weiterhin alleinige Stifter zahlt damit nur noch den Restposten von rund zwölf Prozent des Etats, sozusagen als Ausgleich für die immensen Verluste, die das generelle Anzeigenverbot in allen Warentest-Publikationen mit sich bringt. Die anzeigenfreie Erscheinungsweise soll die volle wirtschaftliche Unabhängigkeit von Handel und Industrie sichern.

Ergebnisse werden nie verschwiegen und damit ein Beitrag zu mehr Transparenz bei Geldanlagen, Versicherungen, Altersvorsorge, Privatfinanzen und Steuern geleistet. Produkte, Bedingungen und Beratungsqualität werden unabhängig und neutral bewertet. Das Geschäftmodell beinhaltet die Vermarktung der Untersuchungen in den eigenen Publikationen einschließlich Internet, Auskunftsdiensten und Computeranalysen. Die Tests werden mit Schulnoten bewertet. Wer schlechter als befriedigend abschneidet, kann sein Angebot praktisch vom Markt nehmen.

Eine so breite neutrale und unabhängige Marktuntersuchung von Finanzdienstleistungen gibt es nirgends sonst. Der Zugriff auf ausgewählte Produktdatenbanken kostet meist sehr günstige fünf Euro. Speziell im Finanzsektor ist aktuell aber nur eine Datenbank „Produktfinder Investmentfonds“ verfügbar: Sie liefert Testergebnisse für rund 8.000 Fonds und enthält Infos zu Wertentwicklung, Charts, Risikoanalyse und die klassische FINANZtest-Bewertungszahl. Seit 1990 gibt es auch individuelle Computeranalysen zu Geldanlagen und Versicherungen. Der Kunde füllt einen Fragebogen aus und erhält eine persönliche Analyse mit günstigen Empfehlungen (die Kosten betragen zwischen zwölf und 18 Euro), siehe auch: www.test.de/analysen.

Größere Fehler unterbleiben schon durch die Organisation der Tests, in die auch die Wirtschaft aktiv einbezogen ist. So gehören dem Kuratorium nicht nur sechs Vertreter von Verbraucherverbänden und sechs neutrale Sachverständige an, sondern auch sechs Vertreter aus der Wirtschaft. Zudem sind satzungsgemäß Fachbeiräte zu jeder einzelnen Untersuchung vorgeschrieben, denen wiederum Branchenkenner aus der Wirtschaft als Berater angehören, die bei Prüfkonzepten mitwirken. Vor Veröffentlichung erhalten die Anbieter die Vorinformation, die nochmals alle eingegebenen Daten auflistet und zur letztmaligen Kontrolle dient. Die eigentliche Bewertung erfahren die Unternehmen aber erst durch die Veröffentlichung in FINANZtest.

Andere seriöse Beratungsquellen

Gute Finanzberater außerhalb der Banken haben für den Anleger einen großen Vorteil: Sie sind in ihren Tipps meist nicht nur auf Produkte eines Geldhauses beschränkt, sondern können firmenunabhängig aus der Vielzahl von Angeboten das für den Kunden wirklich günstigste herausfiltern.

In so genannten Fonds-Shops bieten unabhängige Vermittler Investmentfonds verschiedener Gesellschaften an. Die kostenlose Beratung ist meist deutlich besser als bei Banken, da nicht nur die beschränkte Auswahl einer einzigen Bankgruppe verkauft werden muss. Die Vermittler leben vorwiegend von der Vergütung durch die von ihnen vermittelten Verträge der Fondsgesellschaften, die den Vertrieb aus dem Topf der Ausgabeaufschläge entlohnen, in den Kunden zahlen müssen.

Speziell zu Investmentfonds berät unter anderem das F & V-Fondscenter Berlin unabhängig von Banken- und Interessenzwängen. Die Beratung selbst ist kostenlos, das gesamte Fondsangebot steht zur Auswahl und Prüfung. Wer an Ort und Stelle abschließen will, kann dies auch tun. Weitere seriöse Adressen von Fondsshops findet man über den Bundesverband Deutscher Investmentberater (Adresse am Ende des Buches).

Leider gehen Beratung und Verkauf auch außerhalb der Banken bunt durcheinander – sehr zum Schaden der Anleger. Vertriebe leben von der Provision, nicht von der Qualität der Ratschläge. Damit bieten sie unterm Strich im Zweifel immer die Produkte an, die Ihnen den höchsten Lohn bringen, nicht aber unbedingt dem Kunden den höchsten Nutzen. Aus diesem Teufelskreis kommt der Verbraucher nur schwer heraus – auch weil er es nicht gewohnt ist, für Beratung zu bezahlen.

Unabhängige Beratung gibt es nicht nur bei der Verbraucherzentrale, sondern auch bei Honorarberatern. Die analysieren den individuellen Geldanlage- und Vorsorgebedarf und erstellen einen produkt- und anbieterneutralen Finanzplan. Zudem haften sie für falsche Auskünfte und Empfehlungen und haben dazu eine hohe Versicherungssumme für ihre Berufshaftpflichtversicherung abgeschlossen. Kosten für die Beratung: Je nach Aufwand wird ein Honorar von 100 bis 200 Euro pro Tag fällig. Ein Tag reicht im in der Regel für die persönliche Risikoanalyse und eine geeignete Strategie des individuellen Mix für die Geldanlage aus. Das Honorar wird pauschal oder stundenweise berechnet und immer fällig – ob es nun zum Vertragsabschluss einer Geldanlage kommt oder nicht. Im Gegenzug zahlt der Kunde aber keine Provision. Noch sind Honorarberater eine Randerscheinung im deutschen Finanzgewerbe, weil Kunden es meist ablehnen, einen festen Betrag für ihre Beratung zu zahlen. Die meisten wissen nicht: Der Beratungsaufwand ist bei Banken, Versicherungen und Fondsgesellschaften immer in die Produkte einkalkuliert, doch sagt dies dem Kunden niemand. Doch kein Leser soll glauben, dass er Beratung wirklich gratis erhält.

Die Aussicht auf bessere Qualität spricht für den Rat gegen Honorar. Ein Berater, der unabhängig von Provisionen ist, verkauft das geeignete Produkt und nicht das, an dem er am meisten verdient. Der Unterschied ist: Er wird vom Kunden bezahlt, nicht vom Anbieter.

Bei der Auswahl eines Beraters hilft Laien zum Beispiel die Internet-Seite www.berater-lotse.de

TABELLE SO FINDEN SIE DEN RICHTIGEN UNABHÄNGIGEN BERATER

Prüfpunkt	Inhalt
• Qualifikation	Fragen: Welche Ausbildung und wie viel Erfahrung besitzt er? Eine Bankausbildung und drei Jahre Erfahrung in der Anlageberatung wären gut. Bitten Sie ihn um Referenzen. Er sollte eine Haftpflichtversicherung haben, die Schäden einer Falschberatung ersetzt (Mindesthöhe: 50.000 Euro).
• Analyse	Er sollte Ihre persönlichen und finanziellen Verhältnisse ermitteln, je genauer, desto besser für die Empfehlungen. Der Zugriff auf Berechnungsprogramme und Informationsdatenbanken ist ebenso nötig wie Kenntnisse in Finanzmathematik und Steuerrecht. Recherche und Beratung sind schriftlich zu protokollieren; eine Kopie ist für den Kunden bestimmt.
• Auftrag	In einem möglichst kostenlosen Orientierungsgespräch wird festgelegt, was zu tun ist und was das kosten wird. Nimmt er nicht nur Honorar vom Kunden, sondern auch Provision von Anbietern? Dann verlangen Sie, die Provision mit Ihnen zu teilen.

Besserverdiener können auf den Rat von privaten Finanzplanern bauen. Die analysieren ebenfalls den Ist-Zustand des Vermögens, entwickeln daraus strukturelle und konkrete Anlageempfehlungen, helfen auf Wunsch bei der Umsetzung der vorgeschlagenen Strategie und stehen auch für die regelmäßige Kontrolle bereit, um bei Veränderungen stets eine stimmige Finanz- und Vermögensplanung zu sichern. Die Deutsche Gesellschaft für Finanzplanung (www.finanzplanung.de; Adresse am Ende des Buches) hilft mit einer Mitgliederliste anerkannter Fachleute. Pferdefuß: Häufig nehmen die Finanzplaner nur Mandanten an, die wenigstens 70.000 Euro zu versteuerndes Jahreseinkommen haben.

Wer sich regelmäßiger mit dem Thema Geldanlage beschäftigen möchte, ist gut beraten, sich eine kompetente Wirtschaftszeitschrift zu halten. In

Betracht kommen hier für Normalverbraucher neben FINANZtest auch die Zeitschriften Capital (14-tägig) oder „WirtschaftsWoche" (wöchentlich). Dort werden regelmäßig Preis- und Leistungsvergleiche zu konkreten Geldanlagen publiziert. Auch im Internet finden sich zahlreiche seriöse Adressen, darunter: www.fmh.de oder www.biallo.de.

Dem Schutz der Anleger widmen sich auch einige unabhängige Verbände und Einrichtungen. Wohl am wichtigsten: Deutscher Anlegerschutzbund (www. deutscher-anlegerschutzbund.de; Adresse am Ende des Buches). Das ist die erste Anlaufstelle für Hilfe suchende Geschädigte dubioser Finanzberater am so genannten Grauen Kapitalmarkt. Sie leistet unter anderem eine kostenlose Erstberatung für Betroffene. Weiterhin wichtig: DSW Deutsche Schutzvereinigung für Wertpapierbesitz (www.dsw-info.de). Das ist die namhafteste Schutzvereinigung für die Interessen der privaten Anleger in Deutschland. Etliche Gesetze über den Kapitalmarkt tragen ihre Handschrift. Geboten wird kostenlose außergerichtliche Erstberatung, insbesondere im Banken- und Aktienrecht. Mitglieder können mit Hilfe der DSW grundsätzliche Rechtsfragen per Musterprozess klären lassen (Jahresbeitrag: 95 Euro).

Wer sich etwa auf das unsichere Parkett der Aktien-Anlage vorgewagt hat und Rat braucht, kann sich neben der DSW auch an die Schutzgemeinschaft der Kleinaktionäre (SdK) wenden (www.sdk.org). Dieser Verband kümmert sich vor allem darum, dass die Ausschüttungen für Privatpersonen nicht zu kleinlich ausfallen und die Gebühren der Banken nicht unverschämt werden. Dazu nutzen SdK-Sprecher insbesondere die jährlichen Hauptversammlungen. In Extremfällen werden die Interessen der Kleinaktionäre bis vor Gericht vertreten (Jahresbeitrag: 65 Euro).

Grundsätzlich gilt: Seien Sie in Geldangelegenheiten nicht vertrauensselig. Verlangen Sie klare Informationen und Referenzen. Lassen Sie sich immer Bedenkzeit geben und unterschreiben keinesfalls Verträge beim ersten Gespräch. Es empfiehlt sich, die Papiere immer erst zu prüfen und sich gegebenenfalls noch weiter beraten zu lassen. Prüfen Sie jeden möglichst genau, der Ihr Geld mehren will:

CHECK

CHECKLISTE: SO RETTEN SIE IHR GELD

- [ ] Niemals sofort den Vertrag unterschreiben, sondern erst drüber schlafen und Leute fragen, die sich auskennen.
- [ ] Möglichst nie Anlagegespräche allein mit dem Berater führen und ein schriftliches Protokoll verlangen.
- [ ] Bei Renditeversprechen, die mehr als drei Prozentpunkte höher sind als bei Bundesschatzbriefen: Vorsicht! Nur die besten Aktien und Fonds schaffen mehr.
- [ ] Wer nur mit Steuervorteilen wirbt, will Schwächen bei der eigentlichen Anlage überdecken. Nachfragen!
- [ ] Lesen Sie Prospekte, die bei Wertpapieren und Firmenbeteiligungen vorgeschrieben sind, genau durch, vor allem die Abschnitte zu Chancen und Risiken, Kosten und Geschäftszweck. Mitunter wird kaum Geld angelegt.
- [ ] Fragen Sie auch nach Kosten für die Anlage. Wenn mehr als sechs Prozent fällig sind, lohnt der Einsatz nicht.
- [ ] Fragen Sie im Zweifel bei der Verbraucherzentrale nach.

Anlegerschutzanwälte und was sie kosten

Falsche Beratung ist leider kein Einzelfall – weder in Banken noch bei „freien“ Vermittlern. Viele Anleger können ihre Ansprüche allerdings nicht durchsetzen, weil Beweise für eine falsche Beratung fehlen. Allerdings darf der Sparer auch nicht zu leichtgläubig sein. Sonst muss er für den entstandenen Schaden teilweise selbst aufkommen. So entschied das

Landgericht Zwickau, dass eine Frau nur die Hälfte des Verlustes zurückerhält. Die Sparerin hatte 18.000 Euro in ein Liechtensteiner Unternehmen investiert, das 70 Prozent Rendite pro Jahr versprach. Der Anlageberater hatte zwar seine Aufklärungspflicht verletzt, weil er das Risiko des hochspekulativen Geschäfts verschwiegen hatte. Doch wegen der Leichtgläubigkeit der Frau muss ihr Anlageberater nur den halben Schaden ersetzen. Immerhin war der Anlegerschutz-Rechtsanwalt damit teilweise erfolgreich.

Zur Klage raten auf Anlegerschutz spezialisierte Anwälte Normalverbrauchern oft nur, wenn der Anleger im Besitz einer Rechtsschutzversicherung ist und die dafür auch die Kosten übernimmt. Der Kunde muss dazu vorher eine Deckungszusage vom Versicherer einholen. Grund: Nicht alle Policen schließen Verluste bei Geldanlagen in den Versicherungsschutz ein. Ohne Versicherung besteht jedoch das Risiko, dass im Falle einer Niederlage vor Gericht die Prozess- und Anwaltskosten die Ersparnisse vieler Durchschnittsverdiener schnell aufzehren.

Ein spezialisierter Anwalt berechnet zwar häufig 180 Euro Erstberatungsgebühr, kann aber als einziger wirklich den Banken bei Falschberatung Paroli bieten. Im Telefonbuch stehen alle Kandidaten aus Ihrer Wohngegend. Noch besser: Sie rufen die Deutsche Anwalt-Auskunft an (Tel. 01805/18 18 05). Die nennt Ihnen die Namen von bis zu drei Anwälten in Ihrer Nähe, die in dem gewünschten Spezialgebiet zu Hause sind (www.anwaltauskunft.de).

Preisgünstige Alternative: Anleger wenden sich mit einer für Kunden kostenlosen Beschwerde an einen Schlichter – auch Ombudsmann genannt. Den gibt es bei Privatbanken, Versicherern und privaten Bausparkassen, wenn auch mit Einschränkungen. Das Wort des Ombudsmannes ist für die Banken bis zum Streitwert von 5.000 Euro verbindlich; der Sparer kann jedoch später noch gegen die Bank klagen, falls er sich nicht gerecht behandelt fühlt. Für den verärgerten Kunden genügt ein formloses Schreiben, um den Ombudsmann zu aktivieren und so eine kulante Regelung herbeizuführen. Der Schlichter holt eine Stellungnahme der Bank, Versicherung oder Bausparkasse ein, wägt die Argumente ab und fällt seinen Schiedsspruch. Er ist jedoch nicht für Sparkassen, Volks- und Raiffeisenbanken zuständig. Bei denen gibt es eigene Abteilungen zur Schlichtung (Adressen am Ende des Buches).

Von Staats wegen achtet auch der Bund in bestimmtem Umfang darauf, dass bei Geldanlagen alles mit rechten Dingen zugeht. Dazu gibt es die Bundesanstalt für Finanzdienstleistungsaufsicht. Die Befugnisse sind jedoch begrenzt: Rechtsberatung für Verbraucher, die Beschwerden haben, findet praktisch nicht statt. Die Aufsicht wacht zwar darüber, dass Finanzinstitute möglichst nicht in Pleite gehen und das Geld ihrer Kunden verlieren, soll Geldwäsche verhindern und gegen unerlaubte Geschäfte vorgehen. Doch hat der Rat suchende Verbraucher wenig Hilfe zu erwarten: Konkrete Kundenbeschwerden sind nicht Gegenstand der Aufsicht.

Nicht ganz ungefährliche Geldanlagen

In diesem Buch sind vielfältige Formen der Geldanlage empfohlen worden, denen eines gemeinsam ist: höchste Sicherheit, bei Investmentfonds allerdings in Abstufungen. Einen besonderen Platz nahmen deutsche festverzinsliche Wertpapiere, also Anleihen mit festem Zins, ein. Das Wort Anleihe allein ist noch keine Garantie für ein sicheres Papier. Achten Sie deshalb immer auf den Zusatz „festverzinslich". Ansonsten begeben Sie sich in den Bereich der riskanten Anlagen. Das sollte niemand ohne eingehende Beratung tun, weil man sein Erspartes schneller verlieren kann als man es verdient hat.

Halbwegs sichere Anleihen

Noch relativ sicher sind Aktien-Optionsanleihen, festverzinsliche Wertpapiere mit Zusatzrechten. Der Weg zu diesen Papieren führt nur über eine Bank: Zuerst kauft Ihre Bank für Sie Bezugsrechte an der Börse (kosten in der Regel weniger als fünf Euro je Aktie). Die brauchen Sie, um überhaupt Optionsanleihen kaufen zu können. Die Optionsanleihe selbst garantiert einen festen Zins für die gesamte Laufzeit von meist zehn Jahren, bietet jedoch Zusatzrechte: An jeder Optionsanleihe hängt ein Optionsschein, der Ihnen zusätzlich zum festen Zins das Recht einräumt, Aktien zu kaufen. Dieses Zusatzrecht gilt innerhalb der gesamten Laufzeit nur für eine ganz kurze Zeitspanne von meist 14 Tagen. Wer den Termin verpasst, hat sein Zusatzrecht verwirkt. Für alle ausgeschlafenen Anleger ergeben sich zwei Chancen:

- Sie kaufen die Aktien und spekulieren auf Kursgewinne. Dann gibt es jedes Jahr feste Zinsen aus der Anleihe und Dividende aus den Aktien; beim Verkauf zusätzlich einen einmaligen Kursgewinn. Fällt der Kurs jedoch, bleiben nur die Zinsen der Anleihe sicher erhalten, die Kosten für die Bezugsrechte haben Sie leider draufgezahlt.

- Sie kaufen keine Aktien, sondern verkaufen Ihre Optionsscheine so teuer wie möglich. Das gelingt nur, wenn der Kurs der Aktien, auf die Sie ja ein verbrieftes Kaufrecht (Option) haben, gestiegen ist. Fallen die Aktien, wird man Optionsscheine nur zum schlechteren Kurs verkaufen können. Da ist die erste Chance der bessere Weg.

Übrigens: Kauf und Verkauf von Aktien kosten jeweils rund 1,1 Prozent des aktuellen Kurswertes.

Relativ sicher sind auch Wandelanleihen deutscher Unternehmen. Das sind nämlich festverzinsliche Wertpapiere, die jedoch in Aktien umgewandelt werden können. Wer nicht wandelt, hat für die Laufzeit von meist zehn Jahren den festen Zins der Anleihe sicher. Wer doch wandelt, wird Teilhaber am Vermögen einer Aktiengesellschaft (AG) und begibt sich in die Unsicherheit. Wandelanleihen kosten meist 0,5 Prozent der Anlagesumme als Spesen, die Mindestanlage sind häufig 500 Euro. Innerhalb der Laufzeit ist eine Zeitspanne festgelegt, in der Sie sich für oder wider Wandlung entscheiden müssen. Übrigens: Die Wandlung kostet ein Aufgeld von fünf bis 50 Euro je Aktie. Geeignet sind sie für Anleger, die gern mal auf Kursgewinne am Aktienmarkt spekulieren wollen, ohne gleich das volle Verlustrisiko eines Aktionärs tragen zu müssen.

Noch ein Wort zu Unternehmensanleihen (siehe auch S. 65 f.). Für die Sicherheit des Papiers steht bekanntlich die Firma mit ihrem Vermögen gerade. Da an der Börse ausschließlich Papiere von renommierten deutschen Unternehmen gehandelt werden, ist das Verlustrisiko sehr begrenzt. Allerdings zeigte die Finanzkrise 2008: Das Vertrauen in die Rückzahlungsfähigkeit aller Schuldner hat mächtig gelitten. Selbst Anleihen von Unternehmen bester Bonität können sich Geld am Kapitalmarkt nur noch mit einem kräftigen Zinsaufschlag besorgen. Diese so genannten Risikoprämien betrugen für Anleihen mit zehn Jahren Laufzeit teilweise 2,8 Prozentpunkte. Wenn also für eine Bundesanleihe 2,9 Prozent Rendite einbrachte, warf die Anleihe des Unternehmens Deutsche Börse trotz erstklassigem Rating zum gleichen Zeitpunkt 5,7 Prozent Rendite ab. Der Autokonzern Daimler, immerhin ein erstklassige Marke und im EuroStoxx 50 notiert, musste im Dezember 2008 gar einen Zinskupon von 9,0 Prozent bieten, um genug Abnehmer für eine Anleihe mit nur drei Jahren Laufzeit zu finden. Für Anleihekäufer ist das ein paradiesischer Zustand, wenn

Vertrauen in die Bonität des ausgesuchten Unternehmens besteht. Wer in solchen Zeiten seine Unternehmensanleihen vorzeitig verkauft, muss mit empfindlichen Kursverlusten rechnen. Wer das Papier bis zum Ende der Laufzeit behält, kann die zwischenzeitliche Kursentwicklung vernachlässigen: Er erhält 100 Prozent der Einzahlung zurück, wenn alles gut geht.

Riskante Anleihen meiden

Zu den unsicheren Geldanlagen zählen Währungsanleihen. Das sind zwar festverzinsliche Wertpapiere, allerdings lauten sie nicht auf Euro, sondern auf fremde Währungen. Sie werden von Staaten, Städten, Banken, Großunternehmen und Institutionen herausgebracht. Die Laufzeit reicht bis zehn Jahre, der Zins liegt meist über dem Durchschnitt deutscher festverzinslicher Wertpapiere. Die Sicherheit schwankt stark nach Schuldner, Land und Währung. Zumindest muss man immer mit dem Währungs- und Wechselkursrisiko rechnen: Ändert sich der Devisenkurs, kann Ihr Geld im Nicht-EU-Ausland plötzlich mehr, aber auch deutlich weniger wert sein. Das Währungsgeschäft bietet nämlich zusätzliche Chancen und Risiken. Interessant sind Anleihen fremder Währung für deutsche Anleger nur, wenn sie höhere Zinsen bieten als Euro-Papiere.

CHANCEN UND RISIKEN MIT DOLLAR-STAATSANLEIHEN BEISPIEL

In der Vergangenheit war dies z.B. mit US-Staatspapieren der Fall, die rund 1,0 Prozentpunkte mehr Rendite brachten als Bundesanleihen. Den Renditevorteil „erkaufte" sich der deutsche Anleger mit einem Währungsrisiko: Falls der Dollar während der Laufzeit der Anleihe kräftig gegenüber dem Euro abgewertet würde, kann der höhere Zins unterm Strich womöglich einen Verlust durch den Währungsverfall nicht verhindern. Soll das Papier dann vorzeitig verkauft werden, sind Kursverluste kaum vermeidbar und der Verkauf mit Zusatzkosten verbunden. Bleibt das Papier bis zur Fälligkeit im Depot, würde die Dollar-Abwertung ebenfalls zu Verlusten führen, weil die Anleihe bei Fälligkeit sofort in Euro gewechselt wird. Eine längere Haltedauer wie etwa bei Aktien ist nicht möglich.

Die Mindestanlage von Währungsanleihen beträgt meist 10.000 Euro. Vor der Anlage sollte unbedingt eine gründliche Beratung in der Bank stehen!

Zu den riskanten Geldanlagen gehören auch variabel verzinsliche Anleihen (Floater). Diese Wertpapiere, die auch von deutschen Banken uns sogar vom Bund angeboten werden, haben eine Laufzeit von fünf bis sieben Jahren. Sie bringen keinen festen Zins. Vielmehr werden die Zinsen meist alle sechs Monate an den aktuellen Marktzins angepasst, der dann gerade zwischen Banken in London (Libor) oder Frankfurt/Main (Fibor) üblich ist. Die Zinsen schwimmen dann praktisch alle sechs Monate im Auf und Ab der Börse mit. Durchgesetzt hat sich als Zins-Maßstab der Euro-Libor. Er beträgt für sechs Monate 3,25 Prozent (Stand: Januar 2009).

Faustregel: Meist gibt es wegen des Risikos schwankender Zinsen 0,25 Prozentpunkte Renditeaufschlag gegenüber festverzinslichen Wertpapieren. Mindestanlagesumme sind häufig 5.000 Euro. Das eingezahlte Geld kann zum Glück nicht verloren gehen, das Risiko betrifft allein die Zinsen: Zwischen etwa 2,0 und 3,0 Prozent sind garantiert, der Rest ist Spekulation. Allerdings kann man das Papier jederzeit und praktisch ohne Kursrisiko wieder an der Börse verkaufen.

Floater eignen sich nur für Anleger, die es sich leisten können, viel Geld langfristig anzulegen, da auf lange Sicht Perioden sinkender Zinsen schadlos überstanden werden. Normalverbraucher, die einsteigen, wenn die Zinsen praktisch nicht mehr deutlich sinken können (wie im Januar 2009), verdienen mit klassischen Floatern mehr Geld als mit Geldmarktfonds oder Festgeld. Allerdings sollte vor dem Kauf nach Provision, Maklergebühr und Depotkosten gefragt werden, da insbesondere bei kurzen Anlagezeiten die Nebenkosten den Gewinn zunichte machen können.

ACHTUNG KAUFTIPP FÜR FLOATER ACHTUNG

Floater lohnen nur, wenn nach Abzug der Kosten mindestens 0,25 Prozentpunkte mehr Rendite herauskommen als bei einem Bundeswertpapier gleicher Laufzeit.

Zu den unsicheren Geldanlagen zählen außerdem Zerobonds, auch Nullkuponanleihen genannt. Das sind Wertpapiere von Ländern, Banken und Unternehmen mit einer Laufzeit zwischen vier und 35 Jahren, für die es in der gesamten Laufzeit überhaupt keine Zinsen gibt. Stattdessen werden sie erheblich billiger als zum eigentlichen Nennwert verkauft. Der Ertrag ergibt sich erst am Ende der Laufzeit und zwar aus dem Unterschied zwischen dem sehr niedrigen Kaufpreis und dem feststehenden Rücknahmepreis der Bank (immer 100 Prozent).

PRAXISBEISPIEL NULLKUPONANLEIHE BEISPIEL

Ein Zerobond kostet bei seiner Auflage 558 Euro. Dafür erhält der Anleger im Beispiel zum Fälligkeitstermin nach zehn Jahren 1.000 Euro zurück. Dies entspricht einer laufenden Verzinsung von rund 6,0 Prozent pro Jahr. Vorteil. Man muss sich nicht um die jährliche Wiederanlage der Zinsen kümmern wie bei Festverzinslichen. Nachteil: Wenn die Bonität des Schuldners nicht erstklassig ist, könnte die Rückzahlung im Pleitefall ausfallen. Bevorzugen Sie daher nur sehr sichere Anleihen, etwa der Weltbank.

Sinnvoll sind Zerobonds, die es ab 2.500 Euro aufwärts gibt, nur für Anleger, die nicht auf regelmäßige Zinsen angewiesen sind, aber langfristig vorsorgen wollen. Wer vor der Zeit verkaufen will, sollte dies vorzugsweise dann tun, wenn die Zinsen zu steigen beginnen. Ansonsten drohen empfindliche Einbußen durch Kursverlust.

Die klassische unsichere Geldanlage sind Aktien. Diese Wertpapiere bringen keinen sicheren, festen Zins, sondern sind langfristig verbriefte Anteile an einer Aktiengesellschaft. Der Ertrag (Dividende) wird jährlich ausgeschüttet und hängt vom Gewinn des Unternehmens ab. Der Reiz liegt jedoch mehr in der Hoffnung auf Kursgewinne. Es gibt keine feste Laufzeit:

TABELLE VERGLEICH VON ANLEIHE UND AKTIE

Kriterium	Anleihe	Aktie
Rechtliche Stellung des Anlegers	Er ist Gläubiger, hat also Anspruch auf die vereinbarte Verzinsung sowie auf die vollständige Rückzahlung des Anlagebetrages zum Ende der Laufzeit.	Er ist Miteigentümer am Unternehmen und besitzt Stimm- und Auskunftsrecht auf der Hauptversammlung. Zudem hat er Anspruch auf Gewinnbeteiligung.
Laufzeit	Fest vereinbart, zwischen 12 Monaten und 35 Jahren; Ausstieg bei Börsenpapieren jederzeit möglich	theoretisch unbegrenzt; Ausstieg jederzeit möglich
Erträge	Feste und regelmäßige (jährliche) Verzinsung	Jährliche Gewinnausschüttung (Dividende) in Abhängigkeit vom Jahresergebnis (kann auch ausfallen)
Chancen	Kursgewinne durch vorzeitigen Verkauf, wenn Zinsen sinken oder bei besserer Bonität des Schuldners	Kursgewinne und höhere Dividende bei wirtschaftlichem Erfolg
Risiken	Kursverluste durch vorzeitigen Verkauf, wenn Zinsen steigen; Totalverlust bei Pleite des Schuldners	Kursverluste und Ausfall der Rendite bei wirtschaftlichem Misserfolg; Totalverlust bei Pleite der AG

Man kann Aktien über jede Bank jederzeit kaufen und verkaufen. Das kostet jeweils rund 1,1 Prozent des Aktienpreises. Da man mit Aktien nicht nur die Gewinne, sondern sein gesamtes Spargeld einbüßen kann, ist gründliche Beratung oberstes Gebot!

Noch riskanter als Aktien, die an der Börse gehandelt werden, sind Beteiligungen an nicht notierten Unternehmen, insbesondere stille Beteiligungen. Für diese Sachwertanlagen, die nicht immer zu den Anleihen gehören, gibt es keine Einlagensicherung (siehe auch S. 29 ff.). Zudem ist in diesem Markt häufig Kapitalanlagebetrug im Spiel. Das Prinzip: Bei GmbH- und Genossenschafts-Beteiligungssparplänen handelt es sich meist um hochriskante Anlagen, weil jedes selbsternannte Unternehmen eine GmbH oder Genossenschaft gründen und unkontrolliert die Anteile zu Phantasiepreisen verkaufen kann. Zudem liegt der Tag der Abrechnung bei Vertragsabschluss mehrere Jahre in der Zukunft. Auf diese Weise können Anbieter relativ leicht und unbehelligt Spargeld einsammeln. Ob die Ergebnisse sehr zum Guten der Anleger ausfallen, muss nach aller bisherigen Erfahrung bezweifelt werden. Für Normalverbraucher sind diese Anlagen jedenfalls völlig ungeeignet.

Interessenten stiller Beteiligungen sollten wissen: Es wird ein Gesellschaftervertrag über diese Geldanlage geschlossen, mit der man als Angestellter nach außen hin nicht in Erscheinung tritt, da Sie nicht namentlich ins Handelsregister eingetragen werden. Entweder beteiligt man sich nur am Gewinn und/oder Verlust des Unternehmens und hat keine Mitspracherechte (typische stille Beteiligung), dann haftet man bei Verlusten nur bis zur Höhe seiner Einzahlung. Oder man beteiligt sich zusätzlich an stillen Reserven und am Geschäftswert des Unternehmens und hat unternehmerische Mitspracherechte (atypische stille Beteiligung), dann haftet man bei Verlusten je nach Vertrag auch über die eigene Einzahlungen hinaus, auf Gewinne bzw. Verluste wird Einkommensteuer aus Gewerbebetrieb fällig bzw. zurückerstattet.

Mit Beteiligungen von Arbeitnehmern an fremden Unternehmen wurde in der Vergangenheit viel Unfug getrieben. Hauptgrund: Früher wurden solche Beteiligungs-Sparpläne sogar staatlich mit Arbeitnehmer-Sparzulage gefördert (siehe S. 127 ff.). So kam es, dass zwar viele Arbeitnehmer die Zulage vom Finanzamt geschenkt bekamen, aber mit den Einzahlungen vom eigenen Gehalt nur selten eine Geldvermehrung schafften. Insofern bewahrte die Streichung der Arbeitnehmer-Sparzulage für solche dubiosen Angebote Ende 1994 viele leichtgläubige Anleger davor, derartige Anteile zu kaufen. Doch auch ohne staatliches Gütesiegel finden sich noch genug naive Sparer, die ihr Geld dabei zumeist verlieren.

Derivate, Zertifikate & Co.

Um ihren Umsatz anzukurbeln, werden die Banken nicht müde, über Aktien hinaus riskante Produkte zu schaffen, die ursprünglich aus dem Aktienumfeld abgeleitet worden sind und letztlich bis zur eigenen Börsenfähigkeit dieser Ableitungen (Derivate genannt) führen. Man sollte solche Begriffe auch als Laie zumindest einmal gehört haben, damit man nicht unverhofft auf solche Angebote hereinfällt:

Derivate

Dies ist der Oberbegriff für Geldanlagen im Terminhandel, die von anderen abgeleitet werden (Derivat = Ableitung). So gibt es Terminkontrakte (Futures genannt) auf den DAX, aber auch auf Bundesobligationen (Bund-Future genannt), bestimmte Aktien oder Währungen.

Futures

Das sind Wertpapiere höchster Spekulation für Profis, bei denen im schlechtesten Fall sogar Geld nachgeliefert werden muss: Es geht nicht um die Kursentwicklung einzelner Papiere, sondern ganzer Märkte, so für Devisen, Edelmetalle, Zinsen oder gar auf den Aktienindex. Wer etwa einen DAX-Future kauft, rechnet damit, dass sich die deutsche Börse zu einem bestimmten Termin in eine bestimmte Richtung entwickelt. Der Verkäufer des Futures rechnet mit dem Gegenteil.

Optionen

Dabei handelt es sich um ein Wertpapier-Termingeschäft. Sie kaufen die Option (kostet Optionsprämie) und damit das Recht, innerhalb einer festgelegten Zeitspanne oder zu einem festen Termin zu dem fest ausgemachten Kurs Aktien zu kaufen (Call-Option) oder zu verkaufen (Put-Option). Optionen werden an der Börse gehandelt.

Im Gegensatz zur Option, die eigentlich nur eine Wette auf bestimmte Kursentwicklungen ist, ist der Optionsschein (Warrent genannt) ein regelrechtes Wertpapier. Sie haben das Recht, diese hochspekulativen Scheine entsprechend einzulösen bzw. damit an der Börse zu handeln. Der Kurs beträgt nur einen Bruchteil vom Aktienkurs; dadurch klettert beim Kursanstieg der Aktie der entsprechende Optionsschein gleich um ein Mehrfaches. Je höher dieser Hebel, desto größer die Gewinnchancen, aber auch das Verlustrisiko.

Zertifikate

Das sind an der Börse notierte Wertpapiere, die zumeist über eine feste Laufzeit verfügen und deren Preise an Kurse anderer Werte (Basiswert) gebunden sind. Anleger können von der Wertentwicklung des Basiswertes profitieren, ohne ihn selbst kaufen zu müssen. So können auch bei stagnierenden oder fallenden Kursen Gewinne erzielt und das Depot abgesichert werden.

Ein Zertifikat ist eine Inhaberschuldverschreibung des Emittenten. Im Insolvenzfall der Bank ist das Vermögen in Zertifikaten nicht geschützt. Mit anderen Worten: Fehler bei der Auswahl des konkreten Produkts oder der Bank können einen Teil der Anlage gefährden, denn bei Zertifikaten droht Totalverlust, wie Anleger von Zertifikaten bei Lehman Brothers erfuhren.

Edelmetalle, Diamanten und Münzen

Gold ist die klassische Notwährung und wird in Dollar gehandelt. Es bringt jedoch keinerlei Zinsen oder Dividenden, ist als offizielles Zahlungsmittel nicht anerkannt und kostet den Sparer letztlich Geld: Volle Mehrwertsteuer kassiert der Staat beim Kauf und beim Verkauf. Ausnahme: Auf Gold-Münzen, die als offizielles Zahlungsmittel zugelassen sind (etwa Krügerrand oder Maple Leaf), wird keine Mehrwertsteuer erhoben.

Vorteil: Gold gilt als die Krisenwährung schlechthin. Es bleibt auch in den härtesten Krisen wertvoll. Gold erweist sich als eine Art Versicherung gegen einen nachhaltigen Wertverlust oder gar Zusammenbruch des aktuellen internationalen Währungssystems. Der Gold-Kurs unterliegt allerdings permanent Schwankungen. Wer Gold als Privatanleger physisch als Münzen oder Barren erwirbt, muss in der Regel erhebliche Differenzen zwischen Ankaufs- und Verkaufskurs sowie Kosten für die Lagerung hinnehmen. Anleger, die Gold in Form von Zertifikaten oder in Goldminenaktien oder -fonds investiert haben, tragen im Krisenfall die Risiken der entsprechenden Papiere. Auch börsengehandelte Goldfonds sind in der Regel keine Sondervermögen, sondern Schuldverschreibungen. Es besteht wie bei Anleihen und Zertifikaten ein Ausfallrisiko bei Insolvenz des Herausgebers.

Edelmetalle sind etwas für Sammler, können auch ein besonderes Geschenk sein. Münzen und Barren kann man bei jeder Bank kaufen. Seltene Münzen bringen bei Sammlern unter Umständen mehr als bei der Bank. Dennoch sind Banken die richtige und schnellste Adresse, Edelmetalle zu kaufen und zu verkaufen. Am günstigsten ist hochreines Edelmetall (999er), wobei Barren meist preiswerter sind. Am billigsten kommen Sie mit dem südafrikanischen Krüger-Rand. Was man mit einer Unze (31,1 Gramm) „verdienen“ kann, steht in der Tabelle.

TABELLE WAS EDELMETALLE KOSTEN UND EINBRINGEN

Edelmetall	Kauf (Euro)	Verkauf (Euro)
Gold (999er Münze Krüger-Rand)	648	576
Gold (999er Barren Emirates)	690	575
Silber (999er Barren Maple Leaf)	6,9	5,70
Silber 999er Münze Dubai)	6,85	5,75
Platin (Koala)	778	554
Quelle: FAZ; Taurus Investors; Stand: Januar 2009		

Die Tabelle zeigt: Der Sparer macht beim Handel immer deutlich minus, muss außerdem bei Edelmetallen häufig den vollen Mehrwertsteuersatz bezahlen – bei antiken Stücken, Sammlermünzen und Schmuck. Eine denkbar schlechte Anlage. Für Barren und Münzen sind Banken und Münzhändler die richtige Adresse.

Gar keine Geldanlage, sondern eine typische Sachwertanlage sind Edelsteine, vor allem Diamanten. Lose Diamanten zu Anlagezwecken sind kaum bei Juwelieren oder etablierten Fachhändlern im Angebot. Verarbeitete Diamanten bringen kaum Gewinn, zumal die Preise äußerst stabil sind. Für Normalverbraucher kommen sie bestenfalls als attraktives und unvergängliches Geschenk in Betracht. Sie haben aber auch handfeste Vorteile: Diamanten sind wertbeständig, in unsicheren Zeiten leicht zu transportieren und können in der Regel diskret an die Erben weitergereicht werden.

Keine Geldanlage im klassischen Sinne sind Medaillen und Gedenkmünzen. Jeder kann sie ohne Genehmigung herstellen. Die Auflagen sind in der Regel hoch, die Zahl der Sorten unübersehbar. Schon deshalb sind sie keine Geldanlage. Wer bei Medaillen auf Gewinn spekuliert, wird leer ausgehen: Es gibt überhaupt keinen Markt dafür, die meisten Banken handeln gar nicht damit. Weiterer Nachteil: Medaillen werden wegen des „einmaligen“ Gedenkanlasses vom Käufer stark überbezahlt. Sammlerwert genießen sie später beim Verkauf allenfalls, wenn die Auflage von vornherein knapp gehalten war. Falls Banken überhaupt Medaillen ankaufen, dann lediglich zum Metallwert. Sammlerläden (oft auch Briefmarkenfachgeschäfte) gibt es überall. Dort lassen sich Medaillen am einfachsten verkaufen, in der Regel allerdings weit unter dem Kaufpreis. Deshalb empfiehlt sich der Verkauf wirklich nur in Notlagen. Lassen Sie Medaillensammlungen vorher unbedingt von Experten (z.B. im Fachgeschäft) schätzen.

Glossar

Abgeltungsteuer

macht Kursgewinne, Dividenden und Zinserträge seit 1. Januar 2009 zu 25 Prozent steuerpflichtig (samt Soli-Zuschlag 26,375 Prozent). Wird nicht fällig bei Lebensversicherungen, Riester- und Basisrente sowie Bausparguthaben.

Abzinsung

auch Diskontierung, englisch: discounting;

Berechnung der Höhe eines Geldbetrags zum Beginn der Anlage (Gegenwartswert) auf den Endpunkt der Anlage (Zukunftswert), wenn gezahlt werden. Dabei werden keine jährlichen Zinsen gezahlt, sondern der volle Zins schon beim Beginn abgezogen und tatsächlich ein geringerer Anlagebetrag fällig. Durch Abzinsen erhält man also den Betrag, den man hätte anlegen müssen, um ein bestimmtes Endkapital zu erreichen. Beispiel: Bei drei Prozent Rendite bei abgezinster Geldanlage mit 5 Jahren Laufzeit sind nur 862,60 Euro zu zahlen, um am Ende 1.000 Euro zurückzubekommen. Häufig: abgezinste Sparbriefe; Bundesschatzbriefe Typ B.

Aktienfonds

Der Fondsmanager kann bis zu 100 Prozent des Fondsvermögens in Aktien investieren. Weil das so ist, spiegelt sich in Aktienfonds das jeweilige Börsenklima besonders drastisch wider; sie weisen mitunter starke Wertschwankungen aus, was die Nerven des Anlegers strapazieren kann. Je länger der Anlagezeitraum ist, desto geringer sind jedoch die Risiken. Langfristig wurden mit Aktienfonds bislang die deutlich höchsten Renditen aller Fonds-Arten erzielt.

Aktienindex

Kennzahl für die Kursentwicklung des Aktienmarktes insgesamt bzw. einzelner Aktiengruppen (z. B. DAX). Aktienindizes sollen den Kapitalanlegern eine Orientierungshilfe für die Tendenz am Aktienmarkt bieten.

Anleihe

englisch: loan, auch: Obligation, Bond, Debenture, Schuldverschreibung

Bezeichnung für alle festverzinslichen Schuldverschreibungen mit einer vorgeschriebener Laufzeit sowie fester Tilgung (Rückzahlung).

Ausgabeaufschlag

Einmalige Spesen beim Kauf von Anteilen von Investmentfonds, deren Höhe im Verkaufsprospekt steht. Davon wird der Großteil der Vertriebskosten bezahlt. Je nach Arten von Investmentfonds werden zwischen 0,5 (häufig bei Geldmarktfonds) und sechs Prozent der Anlagesumme (häufig bei Aktienfonds) fällig. Häufig können Anleger Rabatt aushandeln.

BaFin

Abkürzung für Bundesanstalt für Finanzdienstleistungsaufsicht;

Aufsichtsbehörde für die Tätigkeit von Banken, Versicherern, Kapitalanlage-gesellschaften, Pensionsfonds und anderen Finanzdienstleistern sowie für die Koordinierung des Kampfes gegen Geldwäsche. Prüft auch Wertpapier-Prospekte. Beschwerdestelle für Verbraucher, aber keine unmittelbare Rechtsberatung für Privatkunden.

Bankgebühren

Banken verdienen an der Spanne zwischen Guthabenzinsen für Geldanlagen, die den Anlegern gezahlt werden, und den Zinsen, die für Kredite verlangt werden. Zudem sind Gebühren eine immer wichtigere Einnahmequelle, darunter für Girokonten und für Wertpapiergeschäfte. Letztere lassen sich zumeist nur bei Tagesgeld, Festgeld, Sparbuch, Banksparplan und Sparbrief vermeiden. Ansonsten kostet in der Regel jeder Kauf und jeder Verkauf eines Wertpapiers ebenso Geld wie die Deponierung der Papiere in der Bank, obwohl sie kaum noch als Urkunden ausgegeben werden.

Basisrente

Auch Rürup-Rente genannt (nach dem Wirtschaftsprofessor und Erfinder Bert Rürup);

2005 geborene Spezialform der privaten Rentenversicherung, bei der das Kapital ähnlich wie bei der Riester-Rente fürs Alter angespart wird, jedoch niemals in einer Summe ausgezahlt werden darf, sondern lebenslang verrentet wird. Nicht vererbbar. In der Einzahlungsphase steuerlich stark begünstigt. Leistungen dürfen frühestens ab 60. Geburtstag fließen.

Bausparen

Eigentlich dient dies dem Ansparen von Eigenkapital für den Hauskauf. Auch als reine Geldanlage geeignet. Über mehrere Jahre wird Geld auf dem Bausparkonto angespart, für das ein fester Zins von häufig 2,5 Prozent gezahlt wird. Bei speziellen Renditetarifen kommt noch ein Zinsbonus obenauf, wenn von vornherein auf das Bauspardarlehen verzichtet wird.

Bär

englisch: bear; auch: Baissier

Börsianer mit pessimistischer Einstellung, der immer mit einem Abfall der Kurse rechnet, einer Baisse. Symbolisch steht hierfür ein Bär, da er mit der Pranke von oben nach unten schlägt („Bärenmarkt"). Als Gegenteil steht der Bulle, da er als Zeichen für steigende Kurse mit dem Kopf von oben nach unten stößt („Bullenmarkt"). Bekannt ist auch die Skulptur aus einem Bullen und einem Bären vor der Frankfurter Wertpapierbörse.

Beratungshaftung

Vermittler und Berater müssen vor Ratschlägen die Situation des Kunden erfragen: Finanzstatus, Anlagehorizont, Risikoneigung bzw. Sicherheitsbedürfnis und Steuersituation. Um das individuelle Risikoprofil des Kunden herauszufinden, haben nahezu alle Fondsgesellschaften und Banken Risiko-Erfassungsbögen entwickelt. Ist der Tipp des Beraters dann falsch und kann nachgewiesen werden, dass er nicht ausreichend über Risiken aufgeklärt hat, stehen die Chancen auf Schadenersatz gut, falls der Kunde Geld verloren hat. Nachweis klappt meist nur, wenn schriftliches Beratungsprotokoll ausgehändigt worden war.

Betriebsrente

Betriebliche Altersversorgung (bAV) liegt vor allem dann vor, wenn der Arbeitgeber Versorgungsleistungen bei Alter, Invalidität oder Tod spendiert. Arbeitnehmer können aber auch durch Entgeltumwandlung steuerbegünstigt eine Betriebsrente ansparen. Rendite: rund 4,0 Prozent. Formen: Direktzusage (Arbeitgeber verpflichtet sich direkt, seinem Mitarbeiter später eine Rente zu zahlen), Unterstützungskasse, Pensionskasse und Direktversicherung. Leistungen dürfen frühestens ab 60. Geburtstag fließen.

Bulle

englisch: bull, auch: Haussier

Die Optimisten an der Börse, die der festen Überzeugung sind, dass die Kurse ansteigen werden (Hausse). Der Bulle ist als Symbol gewählt, da er mit den Hörnern immer von unten nach oben stößt („Bullenmarkt").

Bundeswertpapiere

Der Bund (Staat) deckt seinen Geldbedarf nicht nur über Bankkredite, sondern auch bei Privatpersonen. Zu diesem Zweck gibt er Bundeswertpapiere heraus. Der Staat bürgt für die Schulden mit seinem Vermögen und Steueraufkommen.

Cost-Average-Effekt

Wer Fondsanteile kauft, wenn sie billig sind (Aktienfonds zum Beispiel bei gefallenen Aktienkursen), hat weniger Durchschnittskosten (englisch: Cost-Average). Davon profitiert jeder, der regelmäßig in einen Sparplan einzahlt statt eine Einmalanlage vorzunehmen. Grund: Es treten stets Kursschwankungen auf. Das schrittweise Investieren mit einem festen Geldbetrag in jedem Monat verringert das Risiko beim Einstieg in die Fondsanlage, da es nie der falsche Zeitpunkt sein kann.

Dachfonds

Seit 1999 sind Dachfonds (englisch: fund of funds) in Deutschland zugelassen. Sie legen das Geld nicht direkt in Aktien oder Rentenpapieren an, sondern kaufen ausschließlich Anteile von anderen Investmentfonds, etwa von Aktien-, Renten- und offenen Immobilienfonds. Pro Einzelfonds dürfen höchstens 20 Prozent des gesamten Dachfonds-Kapitals eingesetzt werden. Minimum sind daher fünf Fonds, in die investiert wird. Die Einzelfonds müssen in Deutschland aufgelegt oder hierzulande zum öffentlichen Vertrieb registriert sein. Somit kann eine besonders breite Risikostreuung erreicht werden. Vorteil: Bei Umschichtungen im Fonds fällt keine Abgeltungsteuer an.

DAX

Abkürzung für Deutscher Aktienindex, der am 30.Dezember 1987 eingeführt wurde. In ihm sind die 30 wichtigsten deutschen Aktienwerte zusammengefasst.

Depot

Aufbewahrungsort für Wertpapiere bei der Bank gegen eine Gebühr (Gegenstück zum Konto im Geldverkehr).

Dividende

auch: Gewinnbeteiligung

Gewinn, der anteilig für eine Aktie von der Aktiengesellschaft ausgeschüttet wird. Über die Höhe und ihre Auszahlung entscheidet die Hauptversammlung des Unternehmens.

Effektivzins

Beziffert bei Geldanlagen, wie hoch sich der angelegte betrag tatsächlich verzinst. Kann vom eigentlichen Zinssatz (Nominalzins) deutlich abweichen und dient somit als guter vergleich für Zinsangaben unterschiedlicher Anlageangebote. Wichtig bei schwankenden Zinssätzen (Bundesschatzbriefe) sowie Angeboten mit Grundverzinsung und Bonus (Banksparpläne; Bausparen).

Einlagensicherung

Einlagensicherungsfonds sind freiwillige Sicherungssysteme der Banken zum Schutz des Geldes ihrer Kunden im Falle einer Insolvenz. Den Fonds der jeweiligen Bankengruppen (Privatbanken, Sparkassen; Volks- und Raiffeisenbanken) gehören alle namhaften deutschen Kreditinstitute an. Neben diesen freiwilligen Sicherungssystemen besteht eine gesetzliche Einlagensicherung, die Anlagen bis 50.000 Euro abdeckt, aber dem Anleger im Pleitefall zehn Prozent Selbstbehalt aufbürdet. Es besteht kein Schutz für Bank-Inhaberschuldverschreibungen, zu denen auch Zertifikate gehören.

Festgeld

Auch Termingeld genannt;

Geldanlagen, die für eine befristete Zeit zu festem Zins angelegt wird, ohne das zwischenzeitlich über das Geld verfügt werden darf. Am Ende wird das kapital samt Zins aufs Girokonto überwiesen oder die Anlage kann zu dann gültigen Konditionen verlängert werden.

Festverzinslich

fester Zinsertrag eines Wertpapiers für seine gesamte Laufzeit; ist auch der Überbegriff für festverzinsliche Wertpapiere, die von der Öffentlichen Hand, großen Industriefirmen oder auch Banken heraus gegeben werden.

Fonds

auch: Investmentfonds

französisch für Kapital; man kann sich einen Fonds am besten als einen Topf vorstellen, in den viele Sparer Geld hineinlegen. Der Topf wird von Fondsmanagern verwaltet, die das eingesammelte Geld in verschiedenen Wertpapieren anlegen.

Fondsgebundene Versicherung

Kapital bildende Versicherung, die nicht vorwiegend auf festverzinsliche Wertpapiere setzt, sondern auf Investmentfonds (daher auch die Bezeichnung Fondspolice). Im Gegensatz zur klassischen Lebensversicherung wird beim fondsgebundenen Tarif das Deckungskapital nicht im Vermögen des Versicherers verwaltet, sondern als separates Sondervermögen. Diese Aktien-, Renten- und offenen Immobilienfonds sind entweder von konzerneigenen Fondsgesellschaften der Versicherer aufgelegt oder es werden Fonds anderer Investmentgesellschaften eingesetzt. Vorteil: höhere Renditechancen. Nachteil: keine garantierte Mindestverzinsung bzw. Rentenhöhe bei Rentenbeginn.

Freistellungsauftrag

Per Freistellungsauftrag für Kapitalerträge weist der Anleger seine Bank an, Zinseinnahmen vom automatischen Steuerabzug (Abgeltungssteuer) freizustellen. Ist bis in Höhe des jährlichen Sparerfreibetrages von 801 Euro für Kapitalerträge erlaubt. Ohne Auftrag oder bei höheren Kapitalerträgen führt die Bank automatisch 25 Prozent (plus Solidarzuschlag und gegebenenfalls Kirchensteuer) an das Finanzamt ab. Einrichtung und Änderung von Freistellungsaufträgen ist für Kunden kostenlos.

Garantiefonds

Wer sich keinen Flop leisten kann, für den sind Investmentfonds – meist Aktienfonds – mit Garantie eine Überlegung wert. Entweder wird die eingezahlte Einlage am Ende garantiert oder ein bestimmter Mindestkurs oder ein jemals erreichter Höchstkurs beim Verkauf zu einem bestimmten Datum. Oder dem Anleger ist eine Mindestausschüttung sicher (praktisch wie eine garantierte Zinszahlung). Nachteil: Diese Garantien kosten Geld und schmälern somit die Rendite oftmals erheblich. Unterm Strich stehen bei Aktienfonds mit Garantie nicht selten zwei Prozentpunkte weniger Rendite zu Buche als bei herkömmlichen Aktienfonds.

Geldmarktfonds

Sie sind eine Spezialität unter den Rentenfonds und bringen im Gegensatz zu den meisten Fonds-Arten nicht erst mittel- und langfristig akzeptable Rendite, sondern schon kurzfristig. Sie dürfen zu 100 Prozent des Fondsvermögens in festverzinsliche Wertpapiere mit extrem kurzer Laufzeit investieren. Folge: Das Geld bringt auch kurzfristig vergleichbar hohe Zinsen wie ein Festgeld – und das bei täglicher Verfügbarkeit der Anlage.

Hausse

Situation des Wertpapiermarktes, wenn die Tendenz eindeutig auf steigende Kurse hindeutet (Bulle).

Inflation

Übermäßige Ausweitung der Geldmenge, die zu einer Situation führt, in der die gesamte kaufkräftige Nachfrage größer ist als das gesamte Angebot einer Volkswirtschaft. Ist bei jeder Geldanlage abzuziehen, um die Realrendite zu ermitteln.

Kapital-Lebensversicherung

Klassische Form des Versicherungssparens – Kombination aus Hinterbliebenenschutz im Todesfall des Anlegers und Erlebensfall-Leistung des Anlegers fürs Alter. Beitragsrendite: häufig 3,5 Prozent. Die vertraglich vereinbarte Leistung wird im Versicherungsfall an den Kunden oder einen anderen Bezugsberechtigten ausgezahlt.

Mischfonds

Das sind keine reinrassigen Fonds, die entweder nur in Aktien oder nur in Anleihen investieren. Sie stecken das Geld in eine Mischung aus Aktien, Anleihen, Immobilien (bis 30 Prozent Anteil am Fondsvermögen) oder anderer Fonds. Es gibt Fonds mit ausgewogener, offensiver oder defensiver Ausrichtung. Vorteil: Bei Umschichtungen im Fonds fällt keine Abgeltungsteuer an.

Nennwert

auch: Nominalwert, Nennbetrag

auf dem Wertpapier aufgedruckter Betrag des Papiers. Nennwert und Kurswert (Marktwert) können voneinander abweichen, denn der Marktwert hängt von der Nachfrage ab.

Offene Immobilienfonds

Sie investieren das Geld der Anleger nicht in Wertpapiere, sondern vorwiegend in gewerblich genutzte Grundstücke und Gebäude. Der Anleger wird also indirekt Miteigentümer eines Bürohochhauses, Kaufhauses oder anderer Gewerbeobjekte. Damit funktionieren offene Immobilienfonds letztlich wie eine klassische Sachwertanlage, auf kontinuierlichen, vor der Inflation geschützten Wertzuwachs abzielt (durch häufig an einen Index gebundene, steigende Gewerbemieten). Die Rechnung muss aber wegen der Schwankungen am Gewerbeimmobilienmarkt nicht aufgehen. Geschlossene Immobilienfonds zählen nicht zu den Investmentfonds.

Pensionsfonds

Pensionsfonds sind rechtlich selbständige Einrichtungen, die Kapital gedeckte Altersversorgung für Arbeitnehmer bieten. Sie gehören nicht zu den Investmentfonds. Im Unterschied zu einer Versicherung darf ein Pensionsfonds nicht die Höhe der Leistungen garantieren, kann aber mehr Risiko und Flexibilität bei der Kapitalanlage wählen. Leistungen fließen im Prinzip nur als lebenslange Rente. Kapitalabfindung ist wie bei Riester-Fonds in Höhe von höchstens 30 Prozent des Vermögens zu Rentenbeginn zulässig.

Pfandbrief

Anleihe mit festem Zins, die nicht nur durch die klassische Einlagensicherung der Banken gedeckt ist, sondern zusätzliche Sicherheiten bietet: bei Hypothekenpfandbriefen durch Grundpfandrechte auf Grundstücke, bei Schiffspfandbriefen durch Schiffshypotheken im Schiffsregister und bei Öffentlichen Pfandbriefen (früher: Kommunalobligationen) aus Forderungen gegen die öffentliche Hand. Im Rahmen der Finanzkrise 2007/2008 wurde die Insolvenz der Pfandbriefbank Hypo Real Estate abgewendet.

Portfolio

auch: Portefeuille

in Verbindung mit Wertpapieren der Gesamtbestand an Wertpapieren, die ein Kunde besitzt.

Private Rentenversicherung

Sie ist im Grunde eine Lebensversicherung, jedoch wird nicht das Risiko des zu frühen Todes (Versicherung auf den Todesfall), sondern das wirtschaftliche Risiko des zu langen Lebens abgesichert – die vereinbarte Rente fließt lebenslang. Beitragsrendite: rund 3,5 Prozent. Spezialfälle: Riester-Rente und Basisrente.

Rendite

Die Rendite ist der Gesamtertrag eines Wertpapiers in Bezug zum investierten Kapital.

Renten

auch: Rentenwerte

Sammelbegriff für alle festverzinslichen Wertpapiere (Anleihen). Hat nichts mit dem Begriff der gesetzlichen Rentenversicherung zu tun.

Rentenfonds

Diese Investmentfonds streuen das Geld ausschließlich in festverzinsliche Wertpapiere. Dadurch ist das Verlust-Risiko auf den ersten Blick stark eingegrenzt. Die Sache hat aber drei Haken: Bei Rentenfonds sind meist drei Prozent Ausgabeaufschlag fällig, ein Kosten-Nachteil, der bei Direktanlage in Rentenpapiere nicht passieren würde. Rentenfonds sind primär längerfristige Anlagen.

Riester-Rente

Spezialfall der privaten Rentenversicherung; wurde nach Ex-Bundesarbeitsminister Walter Riester benannt, in dessen Amtszeit die Einführung 2002 fiel. Neben speziellen privaten Rentenversicherungen und Banksparplänen sind auch Fondssparpläne erlaubt, die allesamt ein Zertifikat der Aufsichtsbehörde BaFin benötigen. Die Beitragszahlung ist mit Zulagen und Steuererleichterungen verbunden. Leistungen dürfen frühestens ab 60. Geburtstag fließen. Zu Beginn der Auszahlung muss mindestens das eingezahlte Kapital zur Verfügung stehen (Beitragsgarantie). Zu Rentenbeginn ist eine einmalige Kapitalentnahme erlaubt. Höhe: 30 Prozent des angesammelten Kapitals.

Risiko

Verlustgefahr oder auch Ungewissheit über zukünftige Ereignisse und Gefahrenmomente.

Sparbrief

Festverzinsliches Anlageprodukt mit Laufzeiten bis 10 Jahre. Nicht an der Börse notiert und damit für Anleger kostenlos. Über den betrag kann während der Laufzeit nicht verfügt werden, der Sparbrief ist allenfalls beleihbar, was jedoch Strafzinsen kostet.

Sparerpauschbetrag

Höchstbetrag, bis zu dem Einkünfte aus Kapitalvermögen von der Abgeltungsteuer befreit sind. Höhe: 801 Euro pro Person und Jahr (Verheiratete 1.602 Euro). Höhere Zinsen und Dividende sind mit rund 26,4 Prozent zu versteuern, da seit 2009 der Abzug der tatsächlichen Werbungskosten für die Geldanlage ausgeschlossen ist.

Tagesgeld

Antwort der Banken auf die Geldmarktfonds der Fondsgesellschaften. Das Konto wird täglich verzinst und der Kunde kann auch täglich über sein Guthaben verfügen. Kündigungsfristen gibt es im Gegensatz zum Sparbuch nicht. Zumindest theoretisch ist eine tägliche Änderung des Zinssatzes seitens der Bank möglich. Keine Verrechnungsfunktion; ein Girokonto ist also weiterhin nötig.

Volatilität

anderer Begriff für Schwankungsbreite. Da die Kurse von Wertpapieren praktisch täglich größeren und kleineren Schwankungen ausgesetzt sind, ist die Volatilität ein wichtiges Kriterium zur Risikobewertung von Wertpapieren.

Wertpapier

Urkunde, die bestimmte Rechte, wie etwa die Miteigentümerschaft an einem Unternehmen, verbrieft. Ohne die Urkunde kann das Recht nicht geltend gemacht werden. Zum Sammelbegriff Wertpapier zählen u.a. Aktien, Obligationen und Anleihen

Zertifikat

Hochriskantes börsennotiertes Wertpapier, das zumeist über eine feste Laufzeit verfügt und dessen Preis an Kurse anderer Werte (Basiswert) gebunden ist. Anleger können von der Wertentwicklung des Basiswertes profitieren, ohne ihn selbst zu kaufen. So können auch bei stagnierenden oder fallenden Kursen Gewinne erzielt und das Depot abgesichert werden. Bei Pleite des Herausgebers existiert für Anleger keine Einlagensicherung.

Zinseszins

Bezeichnet den Zins, der für bereits gutgeschriebene Zinsen eines früheren Berechnungszeitraumes gezahlt wird. Einmal gutgeschriebene Zinsen verzinsen sich also Jahr für Jahr bis zum Ende der Laufzeit einer Geldanlage oder Versicherung weiter und potenzieren so den eigentlichen Zins. Ein Betrag, angelegt zu einem jährlichen Zinssatz von sechs Prozent, wird sich nach etwa zwölf Jahren verdoppeln.

Zinssatz

legt die Höhe der Zinsen in Prozent fest. Er ist der Preis, den ein Schuldner für das Leihen von Geld entrichten muss, beziehungsweise das Geld, das ein Gläubiger dafür bekommt, dass er dem Schuldner Kapital überlässt.

Wichtige Adressen

Aus der unübersehbaren Vielzahl wichtiger, interessanter und seriöser Adressen zum Thema „Sichere Geldanlage" hier eine Auswahl wichtiger Ansprechpartner und Informanten für den Leser.

Finanzaufsicht

Bundesanstalt für Finanzdienstleistungsaufsicht, Graurheindorfer Str. 108, 53117 Bonn, und Lurgiallee 12, 60439 Frankfurt/Main, Tel. 0228/ 41 08-0; www.bafin.de

Unabhängige Beratung

Verbund Deutscher Honorarberater (VDH), Emailfabrikstraße 12,
92224 Amberg, Tel. 09621/78 82 5-0; www.v-d-h-online.de

Suchdienst für unabhängige Berater:

Der Berater-Lotse, Institut DV&P GmbH, Hessenring 71,
61348 Bad Homburg, Tel.: 06172/92 01 50; www.berater-lotse.de

Bundesverband der Versicherungsberater, Hohenstaufenring 17, 50674 Köln, Tel. 0221/9 21 17 36; www.bvvb.de

Bundesverband der Rentenberater, Hohenstaufenring 17, 50674 Köln,
Tel. 0221/24 06 64 2, www.rentenberater.de

Bundesverband Deutscher Investmentberater (BVDI), Kieler Str. 357-359,
22525 Hamburg, Tel. 040/54 54 52; www.bvdi-ev.de

F & V Fondscenter AG, Nürnberger Str. 67, 10787 Berlin,
Tel. 030/21 49 01 0; www.fuv-fondscenter.de

Verbraucherschutz

Stiftung Warentest, Lützowplatz 11-13, 10785 Berlin, Tel. 030/26 31-0;
www.stiftung-warentest.de

Deutsches Institut für Anlegerschutz (DIAS), Grolmanstr. 36, 10623 Berlin,
Tel. 030/88 71 97 72; www.dias-ev.de

Verbraucherzentralen

- Verbraucherzentrale Bundesverband (VZBV), Markgrafenstraße 66, 10969 Berlin, Tel. 030/25 800-0; www.vzbv.de
- Verbraucherzentrale Baden-Württemberg e.V., Paulinenstr. 47, 70178 Stuttgart, Tel. 0711/66 91-10, Fax 0711/66 91-50; info@vz-bawue.de; www.vz-bawue.de
- Verbraucherzentrale Bayern e.V., Mozartstr. 9, 80336 München, Tel.: 089/53 98 70, Fax 089/53 75 53; info@verbraucherzentrale-bayern.de; www.verbraucherzentrale-bayern.de
- Verbraucherzentrale Berlin e.V., Hardenbergplatz 2, 10623 Berlin, Tel. 030/214 85-0, Fax 030/211 72 01; mail@verbraucherzentrale-berlin.de; www.verbraucherzentrale-berlin.de
- Verbraucherzentrale Brandenburg e.V., Templiner Str. 21, 14473 Potsdam, Tel. 0331/29 87 1-0 (Keine Beratung), Fax: 0331/29 87 1-77; info@vzb.de; www.vzb.de
- Verbraucherzentrale Bremen e.V., Altenweg 4, 28195 Bremen, Tel. 0421/16 07 77, Fax 0421/16 07 780; info@verbraucherzentrale-bremen.de; www.verbraucherzentrale-bremen.de
- Verbraucherzentrale Hamburg e.V., Kirchenallee 22, 20099 Hamburg, Tel. 040/24 832 0, Fax 040/24 83 22 90; info@vzhh.de; www.vzhh.de
- Verbraucherzentrale Hessen e.V., Große Friedberger Straße 13–17, 60313 Frankfurt/Main, Tel. 069/97 20 10-0, Fax 069/97 20 10-50; vzh@verbraucher.de; www.verbraucher.de
- Neue Verbraucherzentrale in Mecklenburg und Vorpommern e.V., Strandstr. 98, 18055 Rostock, Tel. 0381/20 87 0-50, Fax 0381/20 87 0-30; info@nvzmv.de; www.nvzmv.de
- Verbraucherzentrale Niedersachsen e.V., Herrenstr. 14, 30159 Hannover, Tel. 0511/91 19 60, Fax 0511/91 19 61 0; info@vzniedersachsen.de; www.verbraucherzentrale-niedersachsen.de
- Verbraucherzentrale Nordrhein-Westfalen e.V., Mintropstr. 27, 40215 Düsseldorf, Tel. 0211/38 09-0, Fax: 0211/38 09-172; vz.nrw@vz-nrw.de; www.verbraucherzentrale-nrw.de

- Verbraucherzentrale Rheinland-Pfalz e.V., Ludwigsstr. 6, 55116 Mainz, Tel. 06131/ 28 48 0, Fax 06131/ 28 48 66; info@vz-rlp.de; www.verbraucherzentrale-rlp.de
- Verbraucherzentrale Saarland e.V., Haus der Beratung, Trierer Str. 22, 66111 Saarbrücken, Tel. 0681/50 08 9-0, Fax 0681/50 08 9-22; vz-saar@vz-saar.de; www.vz-saar.de
- Verbraucherzentrale Sachsen e.V., Brühl 34–38, 04109 Leipzig, Tel. 0341/69 62 90, Fax 0341/68 92 82 6; vzs@vzs.de; www.verbraucherzentrale-sachsen.de
- Verbraucherzentrale Sachsen-Anhalt e.V, Steinbockgasse 1, 06108 Halle, Tel. 0345/29 80 3 -0, Fax 0345/29 80 3-26; vzsa@vzsa.de; www.vzsa.de
- Verbraucherzentrale Schleswig-Holstein e.V., Andreas-Gayk-Straße 15, 24103 Kiel, Tel. 0431/59 09 90, Fax 0431/59 09 97 7; info@verbraucherzentrale-sh.de; www.verbraucherzentrale-sh.de
- Verbraucherzentrale Thüringen e.V., Eugen-Richter-Straße 45, 99085 Erfurt, Tel. 0361/55 51 40, Fax: 0361/55 51 44 0; info@vzth.de; www.vzth.de

Finanzplanung

Deutscher Verband Financial Planners, Eschersheimer Landstr. 18, 60322 Frankfurt/Main, Tel.: 069/90 55 08 66; www.devfp.de

Deutsche Gesellschaft für Finanzplanung, Ferdinandstr. 19, 61384 Bad Homburg, Tel.: 06172/69 00 69; www.finanzplanung.de

Finanzvergleich im Internet

Tagesgeld, Festgeld, langfristige Anlagezinsen: www.fmh.de

Tagesgeld, Festgeld, Sparbuch, Sparbriefe, Investmentfonds: www.biallo.de

Tagesgeld, Festgeld, Investmentfonds, Bausparen, Altersvorsorge, Lebensversicherung: www.aspect-online.de

Krankenkassen, Riester-Rente, Lebensversicherung: www.fss-online.de

Tagesgeld, Festgeld, Investmentfonds, Bausparen, Altersvorsorge, Lebensversicherung, Riester-Rente, Basisrente, Betriebsrente: www.financescout24.de

Rabatt beim Investmentfonds-Kauf: www.fonds-discount.de; www.fondsclever.de

Schlichtung bei Streit mit Anbietern

Private Banken:

Bundesverband deutscher Banken, Ombudsmann, Postfach 04 03 07, 10062 Berlin, Tel. 030/16 63-0, wwwbankenverband/ombudsmann

Sparkassen:

Deutscher Sparkassen- und Giroverband, Ombudsmann, Charlottenstr. 47, 10117 Berlin, Tel. 030/20 22 5-0; www.dsgv.de

Volks- und Raiffeisenbanken:

Bundesverband der Deutschen Volks- und Raiffeisenbanken, Ombudsmann, Postfach 30 92 63, 10760 Berlin, Tel. 030/20 21-0; www.bvr.de

Genossenschaftliche Sparda-Banken:

Verband der Sparda-Banken, Hamburger Allee 2-10, 60486 Frankfurt/Main, Tel. 069/ 79 20 94-0; www.sparda.de

Private Bausparkassen:

Verband der privaten Bausparkassen, Ombudsfrau, Postfach 30 30 79, 10730 Berlin, Tel. 030/59 00 91-500; www.bausparkassen.de

Landesbausparkassen:

Schlichtungsstelle der Landesbausparkassen (LBS), Postfach 74 48, 48040 Münster, Tel. 0251/41 2-02; www.lbs.de

Hypothekenbanken:

Verband der Hypothekenbanken, Kundenbeschwerdestelle, Postfach 08 05 54, 10005 Berlin, Tel. 030/20 915 10 0; www.hypverband.de

Versicherer:

Versicherungs-Ombudsmann, Postfach 06 08 32, 10006 Berlin, Tel. 01804/22 44 24; www.versicherungsombudsmann.de

Rechtsanwälte:

Bundesrechtsanwaltskammer (BRAK), Ombudsstelle, Littenstraße 9, 10179 Berlin, Tel. 030/28 49 39-0; www.brak.de

Anlegerschutz

Deutsche Schutzvereinigung für Wertpapierbesitz, Hamborner Str. 53, 40472 Düsseldorf, Tel. 0211/66 97 02; www.dsw-info.de

Schutzgemeinschaft der Kleinaktionäre (SdK), Maximilianstr. 8, 80539 München, Tel. 089/20 20 84 60; www.sdk.org

Deutscher-Anleger-Schutzbund (DASB), An der Dammheide 10, 60486 Frankfurt/Main, Tel. 069/23 85 38-0; www.deutscher-anlegerschutzbund.de

Anwaltssuche

Deutsche Anwalt-Auskunft (Deutscher Anwaltverein), Tel. 01805/18 18 05 (0,14 Euro/min.); www.anwaltauskunft.de

Anwaltssuchdienst, Tel. 0800/34 56 00 0 (kostenlos); www.anwaltssuchdienst.de

Andere wichtige Finanz-Adressen

Entschädigung bei Konkurs Wertpapierhändler:

Entschädigungseinrichtung der Wertpapierhandelsunternehmen (EdW), 10865 Berlin, Tel. 030/20 36 99 56 26; www.e-d-w.de

Bundeswertpapiere:

Informationsdienst für Bundeswertpapiere, Lurgiallee 5, 60295 Frankfurt/Main; aktuelle Konditionen: Tel. 0800/22 255 60

Deutsche Finanzagentur, Lurgiallee 5, 60295 Frankfurt/Main, Tel. 069/25 61 6-0; www.deutsche-finanzagentur.de

Kapitalgedeckte Altersrente („Riester"-Rente):

Bundesversicherungsanstalt für Angestellte (BfA), Zentrale Zulagenstelle für Altersvermögen, E-Mail: Zulagenstelle@bfa-berlin.de

Stichwortverzeichnis